미래에서 만나요!
채사장

2023. 11.

채사장의
지대넓얕

08 개인 VS 사회

글 채사장

책읽기를 좋아하는 평범한 사람이었던 채사장 작가님은 사람들과 지식을 나누는 대화를 하는 게 가장 재미있었어요. 이런 재미와 기쁨을 전하기 위해 2014년에 쓴 책 《지적 대화를 위한 넓고 얕은 지식》이 밀리언셀러에 오르며 인문학 도서 신기록을 달성했어요. 이후에도 다양한 책을 써서 독자들과 소통하고 있고, 강연을 통해 많은 사람들과 지식의 즐거움을 나누고 있습니다.

글 마케마케

오랫동안 그림책 작가와 어린이 책 편집자로 일하며 재미있는 이야기의 힘을 믿어 왔어요. 채사장님의 《지적 대화를 위한 넓고 얕은 지식》을 독자로 접하고 인문학이 삶을 바꿀 수 있다는 것을 실감하고는 어린이들에게 쉽게 전달하기 위해 알파의 이야기를 만들었어요. 매일 알파, 마스터와 함께 즐거운 지식 여행을 떠나고 있답니다.

그림 정용환

홍익대학교 산업디자인학과를 졸업하고 다양한 책과 매체에 일러스트 작업을 하였어요. 〈복제인간 윤봉구〉 시리즈, 《로봇 일레븐》, 《유튜브 스타 금은동》 등 다양한 어린이 책의 그림을 그렸으며 《슈퍼독 개꾸쟁》을 쓰고 그려서 제1회 '이 동화가 재미있다' 대상을 받기도 했지요. 평소 팟캐스트 〈지대넓얕〉의 팬으로, 어린이들이 교양을 익히고 더 나은 삶을 꿈꿀 수 있도록 이 이야기에 아름다운 그림과 색채를 입혀 주었답니다.

채사장의 지대넓얕 8
(지적 대화를 위한 넓고 얕은 지식)

초판 1쇄 발행 2023년 11월 22일
초판 3쇄 발행 2025년 2월 10일

지은이 채사장, 마케마케
그린이 정용환
펴낸이 권미경
마케팅 심지훈, 이선경
디자인 양X호랭 DESIGN

펴낸곳 ㈜돌핀북
등록 2021년 8월 30일 제2021-000179호
주소 서울시 마포구 토정로 47, 701
전화 02-322-7187 팩스 02-337-8187
메일 sky@dolphinbook.co.kr

ⓒ채사장, 마케마케, 정용환, 2023
ISBN 979-11-93487-00-6 74900
      979-11-975784-0-3 (세트)

이 책을 무단 복사·전재하는 것은 저작권법에 위반됩니다.
잘못 만들어진 책은 구입하신 서점에서 교환해드립니다.

채사장의 지대넓얕

지적 대화를 위한 넓고 얕은 지식

08
개인 vs 사회

글 채사장, 마케마케
그림 정용환

저자의 말

복잡한 세계를 이해하는 눈

안녕하세요? 채사장입니다.

저는 대중들에게 인문학 강의를 하며, 책을 쓰고 있어요.

제가 난생 처음 쓴 책이 《지적 대화를 위한 넓고 얕은 지식》입니다. 바로 지금 여러분이 읽고 있는 이 책의 성인판, 여러분의 부모님도 선생님도 읽었을 책이지요. 첫 책인데도 아주 많은 사람들에게 큰 사랑을 받았습니다.

그런데 이 책은 사실, 어른이 되기 전에 읽어야 하는 내용이에요. 조금이라도 더 어릴 때 알면 좋은 내용! 그래서 어른이 아니어도 잘 읽을 수 있도록 이렇게 쉽고 재미있는 책으로 만들었습니다.

왜 저는 《지적 대화를 위한 넓고 얕은 지식》과 같은 인문학 책을 썼을까요? 대답을 위해 저의 어린 시절로 거슬러 올라가 보겠습니다. 저는 책을 읽지 않는 어린이였어요. 학교에서는 맨 뒤에 앉아 엎드려 잠만 자는 아이였지요. 세상과 사람에 대해서 통 관심이 없었어요. 그렇게 어영부영 고등학생이 된 어느 날, 너무 심심한 나머지 처음으로 책 한 권을 읽었습니다. 그 책은 소설 《죄와 벌》이었는데, 책을 읽고 저는 충격을 받았어요. 제 주변의 세계가 확 다르게 보였죠. 그때부터 저는 닥치는 대로 책을 읽기 시작했어요. 세계가 너무도 신기했고, 인간이 참으로 신비했죠.

하지만 성인이 될수록 세계를 더 잘 이해하기는커녕 도무지 이해할 수 없었어요. 왜 어떤 사람은 부자이고 어떤 사람은 가난할까? 왜 어떤 인간들은 약한 자들 위에 올라서고, 전쟁을 일으키는 걸까? 궁금했어요.

역사를 잘 살펴보니 그 답이 있었습니다. 오늘날 왜 경제에 의해서 세계가 좌지우지되는지 원인과 흐름을 이해할 수 있었죠. 인문학은 이렇게 세계를 보는 눈을 뜨게 해 줍니다.

여러분은 지금 지적 대화를 위한 교양 여행을 하고 있어요. 교양은 넓고 얕은 지식이지요. 한 분야의 전문가가 되려면 좁고 깊은 지식이 필요해요. 여러분이 어른이 되어 직업을 갖게 된다면 그 분야의 독자적인 지식을 갖게 되겠지요. 전문 지식은 사는 데 꼭 필요하지만 타인을 만나고 그들과 이야기를 나누기 위해서는 서로 기본적인 공통분모, 즉 교양이 필요하답니다. 바로 역사, 경제, 정치, 사회, 윤리에 대한 기본 이해예요. 그리고 우리의 지식 여행은 이제 '역사'와 '경제', '정치'를 지나 '사회'와 '윤리'로 향하고 있어요.

이 책을 다 읽을 때쯤이면 역사, 경제, 정치, 사회, 윤리라는 영역이 서로 연결되어 있으며 공통된 구조로 구성되어 있다는 걸 알게 될 거예요. 그리고 그 단순한 구조를 알게 되면 내가 사는 세계를 바라보는 지혜로운 눈이 생길 거예요. 지금 시대엔 지혜로운 사람이 주인공입니다.
자, 그럼 저와 함께 인문학의 세계로 여행을 떠나 볼까요?

2023년 가을에, 채사장

차례

프롤로그 사회는 정말 존재할까? · 11

1 개인과 사회
그 댐을 폭파할 것인가 21
- 채사장의 핵심 노트 　개인과 사회의 이익이 충돌할 때 42
- 마스터의 보고서 　서양과 동양의 생각은 다를까? 43
- Break time 　오메가를 찾아라 44

2 이기주의와 전체주의
환자들이 사는 마을 45
- 채사장의 핵심 노트 　전체주의는 개인의 비윤리적인 행위를 눈감게 한다 72
- 마스터의 보고서 　전체주의의 비극 73
- Break time 　전체주의 지도자 74

3 윤리적 판단
공정한 사회를 위하여 75
- 채사장의 핵심 노트 　어떤 사회가 윤리적인가 96
- 마스터의 보고서 　무지의 베일 97
- Break time 　부유한 쥐와 가난한 쥐 98

의무론과 목적론
④ 구명보트의 딜레마 99

- **채사장의 핵심 노트** 우리를 시험에 빠뜨리는 윤리적 상황 124
- **마스터의 보고서** 윤리란 무엇일까? 125
- **Break time** 선택, 의무론 VS 목적론 126

정언명법과 공리주의
⑤ 돌아가는 지도 127

- **채사장의 핵심 노트** 칸트와 밀 152
- **마스터의 보고서** 공리주의 153
- **Break time** 가로세로 낱말풀이 154

에필로그 세계의 비밀 · 155

최종 정리 160
정치·사회·윤리 편 총정리 163

등장인물

오메가

진보와 보수가 무엇인지 치열하게 고민한 끝에 성공한 정치인의 노선을 밟아 도시의 시장이 되었다. 선거에서 이기면 다 되는 줄 알았는데 막상 시장이 되니 공동체를 이끄는 자리가 생각보다 어려웠다. 특히 개인의 이익과 사회의 이익이 충돌할 때 누구의 편을 들어야 할지, 어떤 판단을 내려야 할지 혼란스럽기만 하다.

알파

얼마 전 겨우 승격된 중간 레벨의 신. 오메가 시장이 개인과 사회의 충돌 안에서 고민하자 그를 돕기 위해 안 해도 될 오지랖을 부린다. 좋은 의지로 시작한 일이지만 가상 세계와 현실 세계에 오류가 생기면서 알파 일행은 위기에 처하게 된다.

마스터

알파가 키우는 작은 쥐. 신의 능력과 기지를 발휘해 위기에서 탈출한다.

채

지식카페를 운영하는 사장님. 오메가도 시장이 되었겠다, 이제 안정적으로 카페 일에 집중해 보려고 했지만 상의도 없이 자꾸 일을 벌이는 알파 때문에 또다시 바빠진다. 제대로 준비도 못 한 채 덜컥 가상 세계에 빠지면서 온갖 고생을 한다.

총리와 국방부 장관

알파 일행이 가상 세계에서 처음 만난 사람들이며 한 나라를 대표하는 관리들이다. 침수 위기에 처한 오메가 시티를 구하기 위한 방법을 모색하는 과정에서 알파, 채, 오메가에게 개인주의와 집단주의에 대해 고민할 거리를 선사한다.

마을사람들과 의사

두 번째 가상 세계에서 만난 사람들. 전체주의의 폭력성을 보여 준다.

구명보트의 승객들

세 번째 가상 세계에서 등장한 사람들로, 공리주의와 정언명법의 예시가 된다.

이 책을 읽는 방법

이 책은 어른들을 위해 처음 만든 《지적 대화를 위한 넓고 얕은 지식》을 어린이들도 볼 수 있게 만든 책이에요. 많은 지식들을 하나의 흐름으로 정리해 주는 책이죠. 여러분만의 특별한 독서법을 통해 이야기 속에 숨어 있는 지식과 그 지식을 꿰뚫는 통찰을 발견하면 좋겠어요.

Step 1 이야기에 집중하기

처음 읽을 땐 일단 순서대로 이야기를 따라가는 데 집중해 보세요. 이야기 속 주인공은 아주 특별한 인물이지만 우리 주변에서 생활하는 많은 사람들의 삶을 보여 주는 인물이기도 해요. 주인공의 생각과 심리를 잘 살펴보고 "왜 그랬을까?", "이럴 때 어떤 마음이 들었을까?" 같은 질문을 던져도 좋아요. 어려운 단어나 모르는 내용이 나오면 멈춰서 찾아봐도 되지만 일단은 계속 독서를 진행해도 괜찮답니다.

Step 2 핵심 단어와 흐름 찾기

총 5화에서 펼쳐지는 이야기들은 개인과 사회, 도덕과 윤리와 관련된 중요한 철학적 핵심을 다루고 있어요. 각각의 에피소드가 말해 주는 상황은 무엇을 뜻하는지 생각해 보세요. 또 이 시리즈의 1~7권에서는 역사, 경제, 정치를 하나의 핵심으로 정리했어요. 앞서 배운 내용들과 지금 공부하는 개념은 어떤 관계가 있을까요? 연결고리를 생각하며 읽어 보도록 해요.

Step 3 지적 대화 나누기

"이 인물은 왜 이와 같은 생각을 했을까?"
"인물들이 어려움에 처하게 된 진짜 원인은 무엇일까?"
"현실 세계에서 비슷한 일을 겪는 사람은 없을까?"
"이야기 속 에피소드는 무엇을 상징하는 것일까?"
책을 읽다 보면 여러 가지 의문점이 생길 거예요. 그리고 여러 번 꼼꼼하게 읽거나 다른 자료를 찾아보면 어느 정도 의문점이 해소될 수도 있을 거고요. 이렇게 내가 궁금했던 것, 발견한 내용에 대해 친구들이나 부모님과 이야기해 보세요. 토론을 통해 책을 읽은 것보다 더 큰 기쁨과 지혜를 만날 수 있을 거예요. 책의 마지막 장을 덮은 후에도 우리의 이야기는 계속 이어질 테니까요.

프롤로그

사회는 정말 존재할까?

그 순간, 시장 오메가는 자신도 모르게 그 사나이를 향해 손을 뻗었어. 그다음은 잘 기억이 나지 않았대. 가물가물하게 떠오르는 한 가지 기억은 어떤 소리를 들었다는 거야.

'생산수단을 차지해야 해, 신이 될 수 없다면 신의 대리자라도 되어야 해. 누구에게도 이 권력을 빼앗겨서는 안 돼……'

아득하게 먼 선조들의 울림이었을까, 아님 그의 마음 속 깊은 곳에서 외치는 소리였을까.

"다, 당신들 지금 제정신이야?!"

정신을 차린 오메가는 자신이 지금 채의 카페에 와 있다는 걸 깨달았어. 오메가가 버럭 화부터 내자 채는 무척 난처해했고, 알파는 뻔뻔하게 '내가 뭘?' 하는 얼굴로 받아쳤지.

사실 채나 알파는 오메가에겐 정치인의 꿈을 이룰 수 있도록 도와준 고마운 사람들이었어. 하지만 이제 그는 어수룩한 초보 정치인이 아니잖아. 자신을 무시하는 건 참을 수 없었나 봐.

오메가는 옷매무새를 가다듬으며 한 번 더 으름장을 놓았어.

"아무튼 나를 납치했으니, 사회적 비난을 피할 수 없을 거야."

어휴, 배은망덕도 유분수지. 도와준 사람을 이렇게 몰아세울 수 있나? 알파는 오메가가 얄미워 한 방을 날렸지.

"야, 너 아까부터 사회, 사회 거리는데, 사회라는 게 뭔지는 알고 그러는 거야? 사회라는 게 실체가 있다고 생각하냐고?"

오메가는 머리가 띵 하고 울리는 것 같았어. 그러고 보니 사회는 눈에 보이지도 않고, 어디서부터 어디까지인지 경계도 명확하지 않았지. 사실은 존재하지 않는데 언어로만 표현되어 온 가상이라는 걸까? 오메가는 두리번거리며 이것을 알려 줄 사람을 찾았어. 마침 채가 커피를 들고 가까이 오고 있었지.

"두 분 다 따뜻한 음료 한잔씩 마시면서 진정하세요."

진정은커녕 오메가는 달려들 듯 물었어.

"채사장님, 뭐가 맞나요? 사회라는 것은 가상인가요? 아니면 진짜로 존재하는 건가요?"

"글쎄요, 사회에 대한 생각이 사람마다 달라서요."

"개인의 권리와 사회의 이익이 부딪힐 때 사회의 이익이 더 중요하다고 여기는 생각을 '집단주의'라고 해요. 반대로 개인의 권리가 더 먼저 보호되어야 한다는 견해도 있어요. 이것을 '개인주의'라고 불러요."

채의 설명을 들었지만 오메가는 여전히 혼란스러웠어.

　찻잔을 내려놓은 오메가는 벌떡 일어나 다짜고짜 채와 알파의 손목을 잡고 힘껏 끌고 갔어.
　"뭐, 뭔데? 무슨 일인데?"
　"잠시만요, 오메가 씨?"
　알파와 채는 당황했지만 오메가는 아랑곳하지 않았지. 오메가가 향한 곳은 주방 뒤쪽에 난 작은 문이었어.
　'그래, 분명 저 문이었지?'

그리고 오메가는 그 문을 향해 몸을 힘껏 내던졌어.

잠깐, 이래도 되는 거야? 어?

오메가 씨!!

어... 어어어어

이내 부드럽고 밝은 빛이 그들을 감쌌어.

1 개인과 사회

그 댐을 폭파할 것인가

문 반대쪽엔 폭우가 쏟아지고 있었다. 가상 세계로 떨어진 셋은 무방비 상태로 비를 쫄딱 맞을 수밖에 없었다.

거세게 쏟아지는 빗방울에 피부가 따가울 지경이었다. 하지만 계속 투덜거릴 수만은 없었다. 여기가 어디인지부터 파악해야 했다. 일단 그들이 서 있는 곳은 거대한 댐 위였다. 댐의 수위는 당장이라도 넘을 듯 아슬아슬했다. 귀를 찢을 듯한 물소리에 세 사람은 정신이 아득해져서 한 걸음 뒤로 물러섰다.

그때였다. 검은 수트를 입은 덩치 큰 사람들이 달려와 오메가 머리 위로 커다란 우산을 펼쳐 주는 게 아닌가.

"대통령 각하, 이제 그만 가시죠. 이러다 감기 걸리십니다."

"다들 기다리고 있으니 바로 차로 모시겠습니다."

오메가는 능청스럽게 검은 양복들이 이끄는 곳으로 따라갔다. 어차피 깨어나면 그만인 가상현실이지만 그래도 한 국가의 최고 권력자가 된다는 건 짜릿한 일이었다. 뒤에서 채와 알파가 뭐라고 구시렁대든 그는 새어나오는 미소를 감추지 못했다.

"에휴, 갈 곳 없는 저 가엾은 인간들 같으니……."

오메가는 거들먹거리며 손짓을 했다. 알파와 채는 어이가 없었지만 순순히 차에 탈 수밖에 없었다. 그런데 차 안 분위기가 심상치 않았다. 뒷문이 닫히자마자 운전기사가 심각한 얼굴로 속도를 올리는 게 아닌가.

"죄송합니다만 각하, 비상사태라 속력을 좀 내겠습니다."

그들이 도착한 곳은 시내가 내려다보이는 어느 허름한 건물이었다. 대통령의 비서가 달려와 다급하게 차 문을 열었다.
"각하, 서두르십시오. 지금 모두 회의장에 모여 있습니다."
알파 일행은 건물의 긴 복도를 따라 빠른 걸음으로 걸었다. 대통령의 비서는 조금이라도 시간을 아끼려는 듯 빠르게 복도를 걸으며 보고했다.

도대체 뭐 때문에 이렇게 서두르는 거며, 10분은 대체 무엇을 말하는 걸까? 답답한 걸 못참는 알파가 물어보려는데 마침 커다란 회의장 문이 열렸다. 자리에 앉아 있던 각 부서의 장관들이 모두 일어나 오메가에게 인사를 했다.

발표하던 장관은 잠시 놓았던 정신을 다잡았다.

'각하께서 나를 시험하려고 물어보시는 거겠지?'

그는 목을 가다듬고 빠르게 말을 이었다.

"오메가 시티로 말할 것 같으면 우리나라의 수도 아닙니까! 산업, 군사, 정치, 문화, 모든 면에서 나라를 견인하는 역할을 하고 있을 뿐 아니라 우리나라 국민 총 생산량의 절반 이상을 담당하고 있는 경제도시지요."

자, 잠시만요! 그렇게 큰 도시가 10분 후 물에 잠긴다고요?

"휴……."

채는 안도하며 자리에 앉았다. 그러나 알파는 여전히 근심어린 표정이었다.

"사람만 대피한다고 해서 해결될 문제가 아닌데? 그렇게 큰 도시가 물바다가 되면 손해가 엄청날 거 아냐."

알파의 생각대로 이곳은 오메가 시티가 입을 피해를 최소화하기 위해 각 부서의 장관들이 연 긴급회의였다.

오메가는 퍼뜩 정신이 났다. 자신의 이름을 따서 지어진 거대한 도시가 이렇게 사라지는 것을 넋 놓고 보고 있을 수만은 없었다. 그는 대통령답게 위엄 있는 목소리로 말했다.

"무슨 수를 써서라도 막아야겠군요. 당장 피할 수 있는 방법은 없습니까?"

"딱 한 가지 방법이 있습니다만 각하……."

장관은 조금 전과는 다르게 사뭇 조심스러운 표정이었다.

"말 그대로 작은 마을입니다. 한 오십 가구쯤 되려나요? 청년들이 모두 고향을 떠나 지금은 노인 인구만 남아 있지요."

알파 마을은 작고 낙후된 지역이었다. 그렇기 때문에 물에 잠긴다고 해서 크게 손해 볼 만큼 경제적 가치가 있는 시설물조차 없었다. 문제는 딱 하나. 마을에 남아 있는 백여 명 남짓한 노인들이었다.

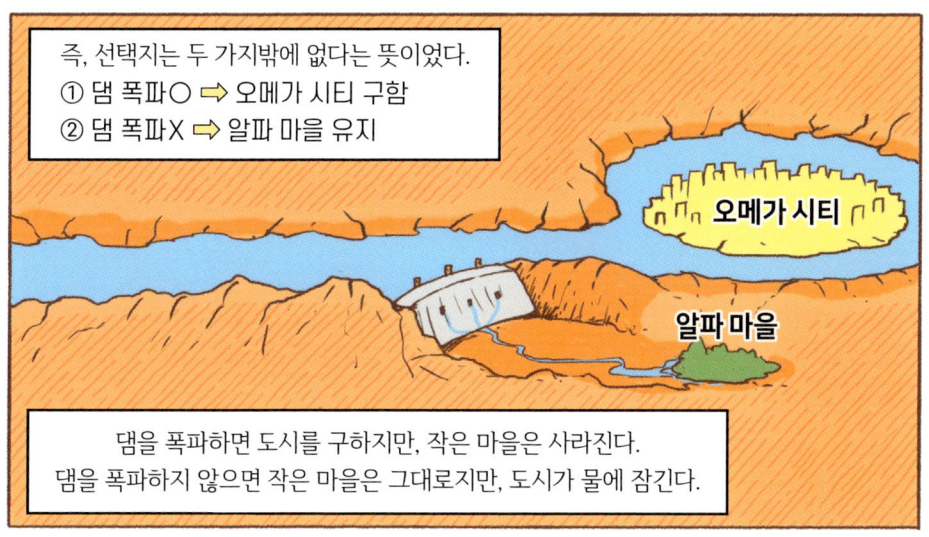

그 자리에 모인 사람들은 모두 사색이 되었다. 수만 명의 시민들의 삶이 걸린 엄청난 경제적 가치의 오메가 시티. 그 도시를 구할 수 있는 방법이 백 명 정도의 노인을 희생시키는 것뿐이라니. 장내가 조용해지자 째깍거리는 시계의 초침 소리가 천둥소리처럼 크게 울리는 듯 느껴졌다.

오메가는 겁에 질린 눈으로 알파를 보았다. 알파는 한숨을 푹 쉬며 고개를 끄덕였다. 폭파하란 뜻이었다. 채는 간절한 눈빛을 보내며 고개를 저었다. 절대 안 된다는 사인이었다. 오메가는 알파와 채를 한 번씩 바라보더니 고민 끝에 결정을 내렸다.

"어쩔 수 없군요. 폭파… 하십시오."

그때였다. 바로 앞에 앉아 있던 남자가 벌떡 일어섰다. 하얀 머리를 깔끔하게 빗어 넘긴 깐깐해 보이는 노인이었다.

"각하!! 무슨 말씀이십니까?!"

"그건 절대 안 됩니다!!!"

쾅

　오메가는 눈을 질끈 감고 고개를 끄덕였다.

　"국가가 국민을 살해했다는 평가가 떠돌 것입니다. 그 오명을 정녕 견딜 수 있으시겠습니까?"

　오메가는 괴로움에 몸부림을 쳤지만 별다른 도리가 없었다. 이것이 모두를 위해 옳은 일이 아닌가.

　그러자 총리는 성큼성큼 다가와 오메가의 귀에 대고 은밀하게 속삭였다.

오메가는 퍼뜩 정신이 나는 것 같았다. 그는 지도자인 동시에 정치인이기도 했다. 다음 선거를 생각하지 않을 수 없었다. 이 일이 문제가 되면 정치적으로도 불리하고 임기가 끝난 이후에는 책임을 져야 할지도 모른다.

어마어마한 데시벨에 깜짝 놀라서 보니, 반대쪽에 앉아 있던 몸집이 큰 남자가 씩씩거리고 있었다. 마치 삼국지의 장비가 살아 돌아 온 듯한 풍채였다.

"당신은 누구……?"

"저는 국방부 장관입니다. 저를 기억 못하시더라도 이건 알고 계시겠지요. 오메가 시티 입구엔 저희 국방부가 자리 잡고 있다는 사실을요. 그 말인 즉슨, 홍수가 나면 국방부가 제일 먼저 침수를 당할 거란 이야기입니다!"

오메가는 어쩔 줄 몰라 하며 알파와 채를 바라보았다.

"이제……, 어쩌지?"

알파도 채도 더 이상 뭐라고 이야기를 해야 할지 난감한 상황. 이렇게 망설이는 중에도 시간은 흐르고 있었다. 국방부 장관과 총리는 간절한 눈빛으로 오메가를 바라보았다.

개인과 사회의 이익이 충돌할 때

○ 개인주의와 집단주의

개인은 사회 속에서 살아요. 개인은 사회 없이 존재할 수 없고, 사회 역시 개인 없이는 존재할 수 없지요. 두 주체가 공존하면 좋겠지만 구체적 상황에서 여러 갈등에 놓이기 마련입니다.

어떤 사람들은 개인의 권리와 사회의 이익이 대립한다면 개인의 권리가 우선적으로 보호되어야 한다고 생각해요. 이 견해를 '개인주의'라고 하지요. 반면 다른 사람들은 개인의 권리와 사회의 이익이 대립한다면 당연히 사회의 이익이 우선되어야 한다고 생각해요. 이 견해를 집단주의라고 합니다.

○ 이기주의와 전체주의

여러분의 생각은 어떤가요? 개인의 권리와 사회의 이익이 충돌할 때 누구의 편을 드는 것이 정당하다고 생각하세요?

개인주의나 집단주의는 어떤 것이 옳은지 그른지 따지기 어려워요. 둘 다 주관적인 신념이니까요. 두 개념 모두 그 자체로는 문제가 없지만 극단적으로 변질된다면 굉장히 나쁘게 발전할 수 있어요. 개인주의가 극단화되면 '이기주의'가 되고, 집단주의가 극단화되면 '전체주의'가 되지요. 이기주의는 개인의 이익을 위해 전체의 손해를 감수하려는 사고방식이에요. 반대로 전체주의는 전체를 위해서는 개인이 손해를 감수할 수 있다는 사고방식이지요.

서양과 동양의 생각은 다를까?

개인마다 차이가 있지만 일반적으로 개인주의는 서구에서 지지되었고, 집단주의는 동양에서 지지되었다. 왼쪽의 그림을 보자. 닭, 풀, 소 세 그림을 두 분류로 묶을 수 있을까? 한 연구자가 다양한 국가의 어린이를 대상으로 '서로 관련 있는 두 가지를 하나로 묶어 보세요.'라고 질문을 던졌다. 이때 유럽과 미국 등 서양의 어린이들은 '닭과 소'를 묶고, 한국, 중국, 일본 등 동아시아의 어린이들은 대체로 '소와 풀'을 묶었다. 서양의 어린이들이 닭과 소를 묶은 까닭은 같은 동물로 분류되기 때문이었다. 반면 동양의 어린이들은 소가 풀을 먹기 때문에 함께 묶었다고 대답했다. 서양인들은 '동물'이나 '포유류'처럼 규칙과 범주로 세상을 바라보는 데 익숙하다. 반면 동양인은 사물들 사이의 관계를 먼저 생각한다.

이러한 차이점은 과거 문명이 처음 시작했을 때의 환경에서 비롯되었다고 볼 수 있다. 서양 문명이 처음 시작된 고대 그리스는 강력한 왕권 국가가 아니었다. 그리스의 시민들은 자유로움을 추구했고, 논쟁을 즐겼다. 서로의 개성을 존중하면서 수학적, 논리적 호기심을 중요하게 생각했다. 반면 동양 문명의 출발점인 고대 중국에서는 조화로운 인간관계를 중요하게 여겼다. 태어나면서부터 가족과 가문 등 특정 집단에 소속되었고, 집단에서의 역할로 한 사람의 정체성이 만들어졌다. 왕과 백성, 부모와 자식, 남편과 아내, 노인과 젊은이 등 관계 속에서 자신의 역할을 다하며 화목하게 지내는 삶이 좋다는 교육을 받은 것이다. 동서양의 이러한 문화의 차이점은 과학, 의학, 언어, 자녀를 교육하는 방법, 그리고 학교나 직장 생활 등 우리들의 일상에도 다양한 영향을 미치고 있다.

동양의 고대 문명 중국인은 조화로운 인간 관계와 환경에 맞추어 자신을 적응시키는 미덕을 중요하게 여겼다.

서양의 고대 문명 그리스인들은 개인의 자율성을 최고의 가치로 여겼고, 전투 능력과 논쟁 능력으로 개인을 평가했다.

2 이기주의와 전체주의

환자들이 사는 마을

그러나 오메가의 결정이 너무 늦었던 것일까. 그의 말이 끝나자마자 콰콰쾅! 하는 굉음과 함께 창문이 깨지더니 거대한 물살이 들이쳤다.

"쏴아아!"

"으아악, 사람 살려!"

파도가 밀려들자 회의장에 있던 사람들과 집기들이 순식간에 떠내려갔다.

이내 천장에도 쩌적 소리와 함께 균열이 가기 시작했다. 벽면의 작은 틈새마다 물줄기가 뿜어 나왔다. 오메가는 간신히 기둥에 몸을 의존한 채 건물 밖을 내다보았다. 거대한 해일이 도시를 집어 삼키고 있었다.

소리가 나는 곳을 보니, 알파와 채가 커다란 탁자 위에 올라 타 있었다.

시간이 얼마나 지났을까. 아득히 먼 곳에서 새 소리가 들렸다. 처마 위 빗물이 떨어지는 소리, 풀잎 위의 물방울이 또르르 굴러가는 소리, 고요하고 평화로운 소리에 채는 그를 집어삼킨 시커먼 구덩이에서 조금씩 의식이 되살아나는 것을 느꼈다.

다시 눈을 떴을 땐 어느 침대 위였다.

으으, 뭐지? 가상 체험이 끝나고 현실로 돌아온 건가?

아직 움직이시면 안 됩니다. 안정을 취하셔야 해요!

아……, 여긴 어디?

"마을 병원입니다. 며칠 전 홍수에 떠내려오신 걸 저희 마을 사람들이 발견했고, 이곳에서 응급 치료를 했지요."

해사한 얼굴의 젊은 의사가 채의 링거액을 확인하며 다정하게 말을 이었다.

"살아나실 거라고 믿었는데, 정말 다행입니다."

순박하게 웃는 의사에게 무언가 대꾸하고 싶었지만 그러기엔 채의 머리가 너무 아팠다. 옆에 누워 있는 알파와 오메가를 보니 여전히 상처가 난 얼굴 그대로였다. 아무래도 가상 체험을 끝내지 못한 것 같았다. 이 안에서 얼마나 시간이 흐른 걸까? 또 현실 세계는 어떻게 진행되고 있는 것일까?

"더 누워 계세요. 아직 안정이 필요하다니까요."

한숨 자고 일어나자 알파와 오메가도 정신을 차렸다. 자신들을 살려 준 의사에게 다짜고짜 다그치는 성질 급한 알파 덕에 몇 가지 새로운 사실들을 금방 알아낼 수 있었다.

그들이 있는 곳은 외딴 시골 마을이고 오메가 시티에서는 두 시간 정도 떨어진 곳이라는 것. 홍수가 난 지는 일주일 정도 흘렀고, 그동안 세 사람은 의식을 잃고 기절해 있었다는 것. 이 마을에 병원이라고는 이곳이 유일한데 주민들은 하나같이 크고 작은 병을 앓고 있어서 젊은 의사는 매일 정신없이 바쁘다는 사실 등이었다.

　세 사람은 주섬주섬 자리를 정리하고 일어났다. 병원에 있는 아무 문이나 열고 나가면 곧 익숙한 집으로 돌아갈 수 있으리라. 떠나는 마당이지만 예의는 예의인지라 분주하게 일하는 의사에게 마지막 인사를 건넸다.

　"선생님, 우린 이만 가 봐야겠습니다."

　하지만 의사는 떠나려는 그들을 애써 붙잡았다.

　"아, 잠시만요! 정 그러시면 세 분의 회복을 돕는 약이라도 지어 드릴게요. 그것만 챙겨서 가세요."

세 명 다 별로 컨디션이 안 좋기도 했고, 의사의 친절을 거절할 수 없어 잠시 기다려 주기로 했다. 하지만 기다림의 시간은 예상보다 훨씬 길어졌다. 의사가 조제실로 들어가자 그를 급히 찾는 환자들이 줄줄이 찾아왔기 때문이다.

오메가는 초조해하는 어머니에게 점잖게 다가가 위로의 말을 건넸다. 프로 정치인다운 태도였다.

"걱정 마십시오. 아이는 괜찮을 겁니다."

"태어나서부터 간이 좋지 않은 아이었어요. 선생님이 워낙 실력이 좋으시니 매번 고비를 잘 넘기고 있는데……."

지켜보는 알파와 채의 마음은 무너져 내리는 것 같았다. 아이의 치료가 어느 정도 끝날 무렵 다리를 절뚝거리는 노인이 찾아왔다.

"선생님, 관절약 좀 주시오. 무릎이 너무 아파서 도저히 걸을 수가 없소……."

의사는 부랴부랴 노인을 진료하러 나갔다.

　노인의 통증이 그대로 느껴지는 것 같아 채와 알파, 오메가는 가슴이 먹먹해졌다.

　"어르신, 그래도 조금씩이라도 움직여 보세요. 병원 뒤뜰에서 천천히 걸어 보시고요."

　의사는 정성스럽게 지은 약을 노인에게 건네며 말했다. 노인은 알겠다고 끄덕이며 조금 전 아이 엄마가 마음을 진정시키러 나간 뒤뜰로 조심스레 걸음을 옮겼다.

　그렇게 잠시 한숨 돌리려는 찰나, 또각또각 지팡이로 바닥을 딛는 소리가 들렸다. 또 새로운 환자가 찾아온 것이다. 이번 환자는 시력을 잃어 가는 남성이었다.

의사는 익숙한 듯 약을 지어 주었다.

여기 안약입니다.

고맙습니다. 전 이제 곧 아무것도 못 보게 되겠죠?

이어서 찾아온 환자는 심장병을 앓는 여성이었다.

주사 들어갔으니, 괜찮으실 거예요.

네……. 심장이 안 좋으니 하루하루가 불안하네요.

그들의 병은 점점 심해지고 있었으나 치료할 방법은 없었다. 그저 통증을 줄이고 악화되는 속도를 늦추는 것만이 의사가 해 줄 수 있는 일의 전부였다. 알파, 채, 오메가는 뭐라 이야기도 못하고 잠자코 지켜볼 뿐이었다. 진료가 끝난 환자들은 자연스럽게 병원 뒤뜰로 나갔다. 잘 다듬어진 잔디밭에서 햇빛을 쬐며 산책을 즐기는 것이 이들의 오랜 습관인 것 같았다. 그들은 이미 서로 잘 아는 사이여서 다정하게 담소를 나누며 서로의 병을 위로하고 운동법 등을 공유하기도 했다.

환자들을 바라보는 젊은 의사의 눈이 촉촉하게 젖어 들 무렵, 알파가 불쑥 다가와 산통을 깼다.

"근데 우리 약은 언제 주시나?"

"아, 맞다! 내 정신 좀 봐."

알파의 말을 들은 의사는 약을 짓다 말고 나와 놀란 토끼눈을 하고 물었다.

"이식이라고요? 그게 뭐죠?"

장기 이식이라는 것을 전혀 모르는 눈치였다. 이 가상 공간에서는 아직 그만한 의료 기술이 발달하지 않은 것일까?

"저런, 잘 모르시나 보군. 문제가 있는 장기를 다른 사람의 것으로 대체하는 수술을 할 수 있는데, 그걸 이식이라고 하지."

뒤이어 오메가가 말을 이었다.

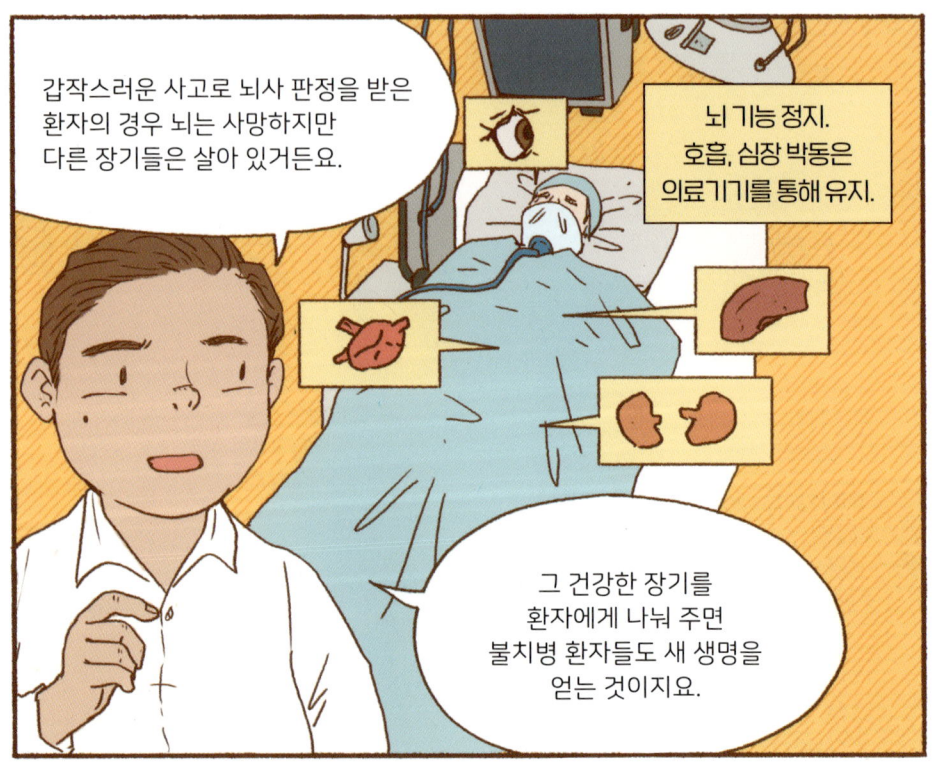

채도 안타까운 마음에 한마디 거들었다.

"그렇긴 한데, 비용도 만만치 않고 장기를 수여할 사람을 찾는 것도 쉬운 일이 아니랍니다."

채가 여기까지 말하는데 순간 오싹한 기분이 들었다. 뒤뜰에 있던 환자들이 천천히 다가오고 있었던 것이다. 하나같이 웃음기가 싹 사라진 얼굴이었다.

"다시 얘기해 봐요. 장기를 이식받을 수 있다고요?"

"한 명만 죽으면, 여러 명이 살 수도 있단 말이지요?"

그들의 시선이 한 군데로 모였다. 바로 젊은 의사였다. 의사는 겁에 질려 뒷걸음질쳤다.
"하하, 여러분? 설마……, 저를 말하는 건 아니겠지요?"
환자들은 사냥감을 본 맹수처럼 히죽 웃으며 다가갔다.

알파가 나서서 의사의 앞을 막았다.

당신들을 고쳐 준 은인을 죽이겠다고? 배은망덕도 유분수지!

채도 사람들을 설득했다.

지, 진정하세요. 이성적으로 생각하셔야 해요!

하지만 환자들은 막무가내였다.

"이성적으로 생각해서 내린 결론이에요."

"사사로운 감정에 휘둘리면 좋은 판단을 할 수 없소."

"의사 양반 한 명이 죽는 건 슬프지만 우리 마을을 살릴 수 있지."

"숭고한 죽음이 될 거요."

그들은 무기를 더 높이 치켜들었다. 그때 오메가가 소리 질렀다.

"멍청한 작자들 같으니라고! 의사를 죽이면 이식 수술은 누가 해?"

그러자 사람들은 무기를 잠시 내리고 웅성거렸다.

"그, 그러네. 누군가는 수술을 해 줘야 해."

"으아악! 저 인간이 도망을……!"

마을 사람들은 멀어지는 의사를 향해 아우성을 치고 발을 동동 구르더니 동작을 멈췄다. 그들의 시선은 알파, 채, 오메가에게 향해 있었다.

세 사람은 어디로 가야 할지 방향도 모른 채 정신없이 달렸다. 냇가가 나오면 건넜고 수풀이 앞을 막아도 그냥 헤치고 뛰었다. 마을 주민들은 마치 좀비라도 되는 듯 그들 셋을 따라왔다. 심장도 약하고, 관절도 아프고, 눈도 안 보인다더니 무슨 환자들이 이렇게 빨리 뛰는 것인가!

"그거랑 이거랑 같아? 알파 마을이 희생당하는 대신 오메가 시티와 국가를 살릴 수 있었다고!"

오메가는 말을 뱉은 후 우뚝 멈춰 섰다. 오메가 시티를 위해 작은 알파 마을을 희생시킨 것이나, 환자들을 살리기 위해 의사 한 명을 희생시키는 게 크게 다르지 않아 보였기 때문이다.

"뭐 해? 이쪽이야!"

알파는 멍하니 서 있는 오메가를 풀숲으로 잡아끌고 입을 틀어막았다. 숨을 죽이고 기다리니 멀찍이서 마을 사람들의 발소리와 웅성거리는 소리가 들렸다. 주민들은 주변을 둘러보더니 다른 먼 곳으로 사라졌다.

오메가, 알파, 채는 비좁은 나무 덤불 속에 한참 동안 웅크리고 기다렸다. 이제 모두 포기하고 돌아간 것일까? 숲에는 세 사람의 훌쩍임과 거친 숨소리만 들렸다. 인기척이 완전히 사라지자 알파가 말했다.

"아, 알았어. 하지만 지금 토론할 때는 아니잖아?"

오메가가 줄줄 흐르는 땀을 닦으며 말했다. 오메가의 말이 맞았다. 일단 이 끔찍한 체험부터 끝내야 했다.

하지만 아무리 살펴봐도 문은 보이지 않았다. 그동안 수많은 가상 체험을 했지만 이런 적은 없었다. 끝내고 싶은데 끝낼 수 없다니, 이건 세 사람이 모두 가상 공간에 와 있어서 생긴 오류가 틀림없었다.

그러고 보니 그동안은 체험을 할 때마다 카페 문 앞에는 채가 서 있었다. 카페에 있는 누군가의 존재가 가상과 현실을 연결해 주는 끈이 아니었을까?

도대체 무엇이 문제이고 어떻게 해결할 수 있을까.

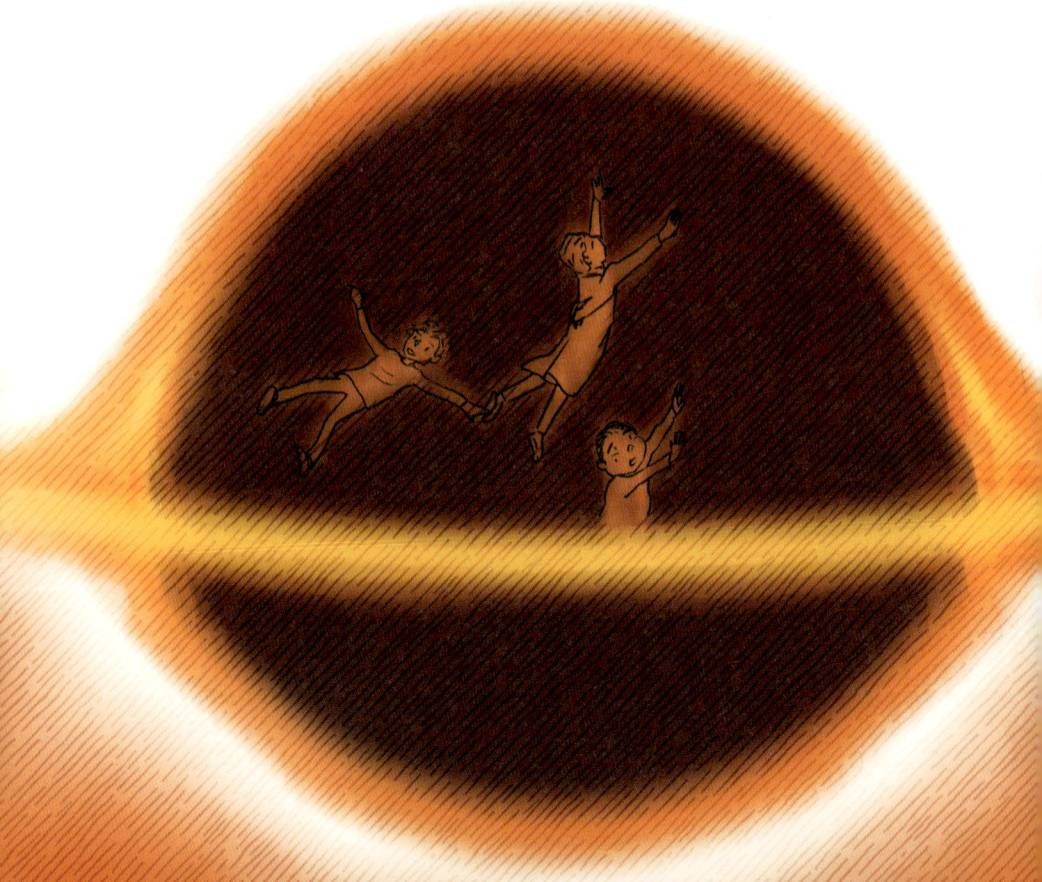

전체주의는 개인의 비윤리적인 행위를 눈감게 한다

○ 전체와 개인

알파 일행은 가상의 상황에서 둘 중에 하나를 선택해야만 했어요.

	전체의 이익	개인의 권리	인위적 개입
오메가 시티의 홍수 사례	오메가 시티를 구한다.	알파 마을을 구한다.	댐을 폭파할 것인가?
환자들의 장기이식 사례	마을의 환자들을 구한다.	젊은 의사를 구한다.	장기를 적출할 것인가?

전체의 이익을 중요시하는 입장은 오메가 시티와 마을 환자들을 살려야 한다고 주장할 거예요. 개인의 권리를 우선시하는 사람들은 알파 마을과 젊은 의사를 보호해야 한다고 주장하겠지요.

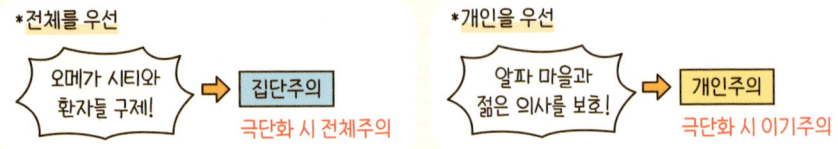

○ 전체주의의 공포

이기주의와 전체주의 모두 부정적인 개념이지만 이기주의는 아주 큰 문제가 되지는 않아요. 한 개인이 계속 이기적으로 행동한다면 사회가 그 사람을 처벌하거나 불이익을 줄 수 있거든요. 정말 문제가 되는 것은 전체주의예요. 국가나 사회가 전체의 이익을 위해 특정한 개인을 희생시키려고 마음먹는다면 개인은 도저히 막을 방법이 없기 때문이지요.

우리 인류는 전체주의로 인한 아픈 역사를 경험했어요. 전체를 위한다는 명목 아래 수많은 사람들이 희생당했고, 사회는 광기 어린 폭력성을 띠었지요. 전체가 비윤리적으로 행동할 때에 개인은 그 행위에 가담을 해도 책임은 지지 않아요. 책임은 전체에게 있으니까요.

전체주의의 비극

이탈리아의 파시즘을 이끈 무솔리니

우리가 이 책을 통해 공부한 다양한 개념, 즉 신자유주의, 공산주의, 생산수단, 진보, 보수 등은 옳고 그름을 따지기 어려운 개념이다. 그러나 '전체주의' 만큼은 부정적인 뜻으로 사용된다. 실제로 인류는 근현대를 거치면서 폭력적이고 공포스러운 전체주의를 경험했다. 대표적인 전체주의로는 독일의 나치즘, 이탈리아의 파시즘, 일본의 군국주의, 그리고 냉전 시대의 공산주의 등이 있다.

전체주의는 대공황 시기부터 시작되었다. 미국의 뉴딜정책 같은 방식으로 경제 위기를 해결하기 어려웠던 국가들은 전체주의적인 모습으로 변해갔다. 대공황의 소용돌이로 경제가 무너지자 이탈리아에서는 무솔리니가 등장하여 파시스트당을 만들었다. 강력하고 배타적인 국가 중심 체제를 파시즘이라고 하는데 이것은 이탈리아어로 '결속' '단결'을 뜻하는 파쇼(fascio)에서 시작한 용어이다.

전체주의자로 우리의 기억에 가장 강하게 남아 있는 인물은 히틀러일 것이다. 위기의 상황에서 경제를 살리겠다는 그의 주장은 대중에게 매력적으로 자리 잡았고, 독일인은 전체를 위해서라면 소수의 희생은 감수할 수 있다고 믿게 되었다. 결국 그들은 유대인, 집시, 장애인을 수용소로 보냈고 600만 명의 민간인을 학살했다.

전체주의는 악마 같은 소수의 사람들이 저지른 특수한 사건이 아니다. 내가 소속된 집단이 위기에 처해 있고 이것을 해결해 줄 인물이 등장하면 개인은 쉽게 동조할 수 있다. 만약 그 방식이 비윤리적이라 하더라도 개인에게 책임이 돌아가지 않기 때문이다.

하켄크로이츠 나치 독일이 사용한 상징으로 독일에서는 이 문양의 사용을 법으로 금지하고 있다.

욱일기 과거 일본 제국이 사용했던 깃발로 제국주의와 전체주의의 상징으로 여겨진다.

Break Time
전체주의 지도자

근현대사를 잔혹하게 물들인 전체주의. 세계 여러 국가의 전체주의의 명칭과 지도자의 행적을 연결해 볼까?

이토 히로부미

• **나치즘** • 1919년 이탈리아에서 시작된 사상으로 결속, 단결을 뜻하는 '파쇼(fascio)'에서 나온 이름이다. 불평등과 폭력을 내세워 전 국민의 일상을 통제하였다.

이오시프 스탈린

• **파시즘** • 1928년~1953년까지 행해진 소련의 통치 체제. 공산주의를 새롭게 해석하여 국민의 인권과 자유를 억압하였고 독재자가 지배하도록 하였다.

아돌프 히틀러

• **일본 제국주의** • 1933~1945년 독일을 지배한 전체주의. 독일 민족은 우수하나 장애인, 유대인 등은 생물학적으로 열등하다고 생각해 학살하기에 이르렀다.

베니토 무솔리니

• **스탈린주의** • 일본이 서구화되는 과정에서 주변 국가를 식민지하여 나라를 강하게 만든 정책. 대공황 이후 경제 위기를 겪으면서 군사 독재의 길을 걷는다.

공정한 사회를 위하여

직원들은 세상이 시끄러워질 것을 걱정해 오메가 시장의 실종 사건을 당분간 언론에 알리지 않기로 결정했다. 대신 암암리에 찾으면서 급한 사안들 먼저 처리하기로 한 것이다.

작은 흰 쥐는 혹시 몰라 시장실에 잘 가둬 두었다. 오메가 시장이 남긴 메시지일지도 모른다고 생각했기 때문이다.

한 직원이 자료를 펼치며 이야기를 꺼냈다. 자료는 이 도시의 불평등에 관해 정리한 것이었다. 최근 정부에서는 각 도시의 각종 지수를 측정하는 조사를 했는데, 그중에서 이 지역의 불평등 지수가 심각한 수준이라는 게 밝혀졌다고 한다. 잘 사는 사람들은 잘 살지만 그렇지 않은 사람은 생계가 어려울 지경이었다.

회의가 본격화되자 직원들은 두 분류로 나뉘어져서 다투기 시작했다. 일부는 빈부격차는 자본주의에서 발생하는 자연스러운 현상이며 해결하기 어려운 문제라고 생각했다. 나머지 직원들은 세금을 적극적으로 징수해야 한다고 주장했다. 그들은 부자들의 돈으로 가난한 사람을 돕는 것이 윤리적이라는 의견이었다. 양측의 입장은 제법 팽팽하게 맞섰다.

오메가 시장이 있었다면 중재를 해 주었겠지만 지금 그는 어디 있는지 알 수도 없었다. 처음엔 입장 차이로 시작했던 회의가 점차 분위기가 거칠어졌다. 마스터는 이 모습을 모두 지켜보았다.

마스터는 바닥에 떨어져 있는 오메가의 휴대폰을 지그시 바라보았다. 알파와 함께 급하게 떠나면서 흘린 모양이었다. 마스터가 고개를 까딱하자 이미 배터리가 다 닳아버린 휴대폰에서 벨소리가 울리기 시작했다.

놀랍게도 수화기 너머에서 들린 목소리는 오메가였다. 물론 진짜 오메가가 전화를 건 게 아니고, 마스터가 능력을 사용해서 오메가 흉내를 낸 것이었다.

"놀라게 해서 죄송합니다. 제가 잠깐 개인적으로 볼 일이 있어 나와 있는데 시간이 좀 걸리네요. 급하게 처리할 사안들은 여러분이 잘 상의해서 먼저 처리해 주십시오."

무슨 일이 생긴 줄로만 알았던 시장의 목소리를 들으니 다들 안심이 되었다. 그런데 오메가가 갑자기 엉뚱한 소리를 했다.

"오늘 제가 연락을 드린 건……."

열심히 공부하던 학생의 코에서 코피가 주르륵 흘렀다. 자율 학습을 감독하던 선생님이 다가와 걱정스럽게 물었다.

"비타야, 괜찮니?"

"네, 괜찮아요. 며칠 공부하느라 잠을 좀 못잤더니 무리가 오나 봐요."

학생은 황급히 지혈을 하더니 다시 공부에 집중했다.

깨어 있는 내내 공부만 하는 학생과 다른 학생들의 삶은 완전히 달랐다.

학생의 어이없어하는 표정을 읽은 것일까? 선생님은 따뜻한 말투로 위로를 건넸다.

"흥분할 것 없단다, 애야. 10점씩 거저 받아 봤자 알파는 30점, 채는 40점, 오메가는 50점이야. 어때? 그래도 70점인 네가 1등이라는 사실은 변하지 않는단다."

학생의 비명소리와 함께 영상은 꺼졌다. 직원들은 잠시 넋을 잃은 듯 조용히 있었다.

한 직원이 먼저 입을 열었다.

"거봐요. 무조건 부자한테서 세금을 더 많이 걷는 게 정의로운 방법이 아니라는 걸 아셨겠죠?"

"역시 잘 파악하셨네요. 맞는 이야기를 해 주셨어요."

수화기 속 오메가가 칭찬하자 방금 이야기한 직원의 어깨가 으쓱해졌다.

"그런데 사실은 제가 한 가지 영상을 더 준비했거든요. 같이 보실까요?"

다시 휴대폰에서 한줄기 빛이 나오더니 영상이 시작됐다.

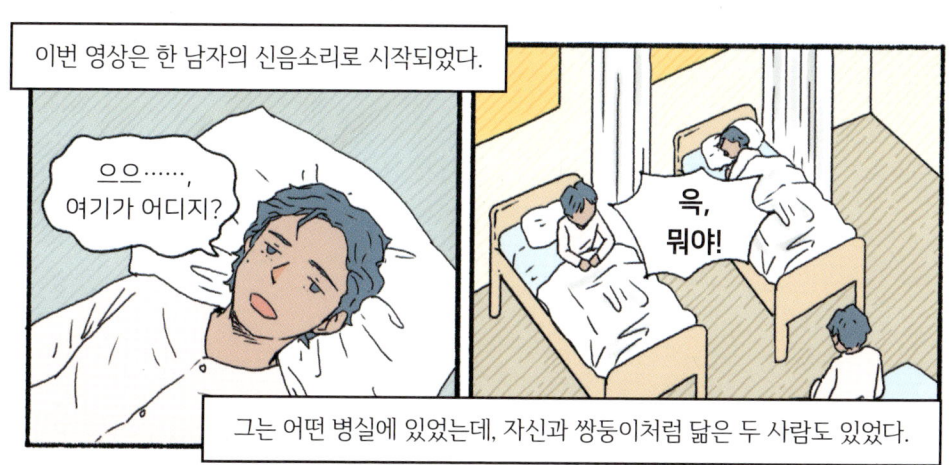

남자는 이 상황을 믿기 어려웠다. 그러거나 말거나 의사는 계속 이야기했다.

"사고 현장에서 세 분의 신분증이 발견되었는데요, 공교롭게도 셋의 얼굴이 너무 닮은 나머지 무엇이 누구의 신분증인지 구분할 수가 없네요."

사고를 당한 남자는 불쾌함을 감출 수 없었다.

'내가 빌게이츠 같은 부자일 수도 있고, 노숙자일 수도 있단 얘기잖아. 밖은 지금 찬바람이 쌩쌩 불 텐데, 만약 내가 노숙자라면 어떻게 되는 거지? 이 병원비는?'

남자는 차라리 기억을 잃은 지금이 더 행복할 것만 같았다. 물색없는 의사가 병실을 나가자 시청 직원이 문을 두드렸다.

이런 류의 질문에서 대답은 뻔했다. 나에게 조금이라도 유리한 쪽을 선택하는 것. 내가 살기 편한 사회가 좋은 사회고, 그것을 고르는 게 정치 아니었던가.

그러나 내가 누구인지 알지 못하는 상황에 처해지자, 무엇이 유리한지 고르는 것도 쉬운 일이 아니었다.

영상은 다시 꺼졌고, 사무실 안은 조용해졌다. 몇몇 직원들은 이 엉뚱한 영상이 무슨 뜻인지 이해가 안 간다는 듯 고개를 갸웃거렸다. 아까 세금을 통해 불평등을 해소하자고 주장했던 직원이 입을 열었다.

"보세요. 사람들은 모두 개인의 특수한 상황에서 생각해요. 하지만 내가 처한 상황에서 벗어나서 객관적으로 봐야 할 때도 있어요."

쉽게 반박하거나 맞장구를 치는 사람도 없었다. 무엇이 윤리적인 방식인지 각자 깊은 생각에 잠긴 것 같았다. 마스터는 슬슬 이 상황을 정리해야겠다고 생각했다. 전화기 속에서 다시 오메가의 목소리가 흘러나왔다.

"양쪽이 모두 맞는 말씀이고, 우리에게 필요한 이야기들입니다. 저는 어떤 것을 선택하기 전에 상대방의 입장도 느껴 봐야 한다고 생각해요. 조만간 여러분들과 열띤 토론을 할 수 있길 바랍니다. 제가 돌아올 때까지 이 도시를 잘 부탁 드립니다."

곧 '뚜뚜–' 소리와 함께 전화가 끊겼다.

 마스터의 도움이 효과가 있었던 걸까? 조금 전 서로 잡아먹을 듯 다투던 모습은 온데간데없고, 직원들은 제법 진지하게 사회와 윤리에 대해 고민하고 있었다. 마스터는 어쩐지 뿌듯함을 느꼈다. 그나저나 알파, 오메가, 채는 언제쯤 체험을 끝내고 돌아오는 걸까? 마스터는 어쩐지 가상 세계에 문제가 생겼음을 직감했다.

"혹시라도 제가 없는 동안 제 방에 동물이나 식물을 들여놓으신 건 아니겠지요? 저는 뭐든 키우는 건 질색이라서요."

"아……, 아! 그럼요, 그럼요!"

전화를 받은 직원이 수화기를 막고 손짓을 했다.

'쥐를 치워! 당장!'

눈치 빠른 다른 직원이 황급히 케이지의 문을 여는 순간, 마스터는 가볍게 열린 창문 틈새로 빠져나갔다. 곧 오메가의 전화도 끊겼다.

어떤 사회가 윤리적인가

지금까지 《채사장의 지대넓얕》 시리즈를 함께 읽어 본 독자라면 궁극적으로 사회를 바꿀 수 있는 열쇠는 바로 '세금'이라는 걸 알고 있을 거예요.

세금을 높이거나 낮추는 일은 사회 전체의 방향을 결정하는 가장 기본적인 방법이거든요. 자본주의 사회에서 빈부격차는 자연스럽게 발생하게 마련이에요. 누군가는 이것을 해결해야 할 문제라고 생각하고, 누군가는 해결할 수 없고 그럴 필요도 없다고 생각하지요.

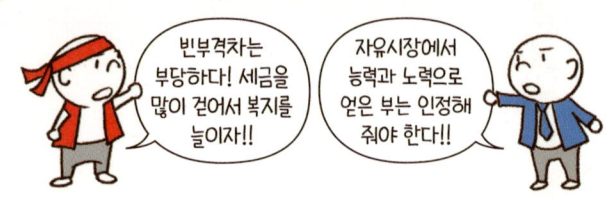

○ 하이에크의 주장

20세기 영국에서 활동한 경제학자 하이에크는 시장에서의 경쟁을 하나의 게임으로 생각했어요. 게임에는 승자나 패자가 생길 수 있지요. 그런데 주최 측이 평등한 세상을 만들겠다며 게임에 끼어들어 과하게 개입하면 참여자들은 맥이 풀리겠지요. 주최 측의 역할은 그 게임이 공정했는지, 규칙을 어긴 사람은 없었는지 감시하는 것만으로도 충분해요. 게임의 결과가 평등하지 않다고 판 자체를 망치는 건 어리석은 일이 될 테니까요.

○ 롤스의 주장

반면 비슷한 시기에 미국에서 활동한 철학자 롤스는 어떻게 세금을 분배할 것인지 판단하기 전에 사유 실험을 생각했어요. 사회를 구성하는 제도를 바꾸기 전에 사람들은 '무지의 베일'이라는 장막을 써야 해요. 그 베일을 쓰는 순간 자신의 지위, 능력, 인종, 가치관을 전혀 모르게 되지요. 그래야 객관적인 입장에서 사회제도를 만들 수 있을 테니까요. 이런 제약 속에서 제도를 고쳐야 한다면 대부분의 사람들은 최소수혜자에게 혜택을 주는 데 동의할 거예요.

무지의 베일

존 롤스 (1921~2002)

사람을 채용하기 전에 지원자에 대한 사전 정보를 일체 공개하지 않는 시험을 '블라인드 오디션'이라고 한다. 학력, 출생지, 나이, 성별 등은 철저하게 가리고 오직 업무 지식과 능력만을 두고 평가하는 것이다. 이런 방식의 테스트를 적용했을 때 채용 결과는 달라진다고 한다. 고학력자나 남성이 아닌 사람이나, 나이가 많거나 적은 사람도 채용되는 비중이 높아지는 것이다. 블라인드 오디션의 공정함을 사유 실험에 적용한 철학자가 있었다.

20세기를 대표하는 미국의 정치철학자 존 롤스는 그의 저서 《정의론》을 통해 어떤 사회가 정의롭고 공정한 사회인지를 연구했고 간단한 사유 실험을 제안했다.

당신에게 사회 제도와 시스템을 결정할 수 있는 자격이 있다고 생각해 보자. 그런데 제도를 결정하기 전에 한 가지 조건이 있다. 바로 '무지의 베일'이라는 장막을 덮고 결정해야 한다. 베일은 신부가 결혼식 때 얼굴을 가리는 얇은 천을 말한다. 이 신비로운 베일을 쓰면 당신 자신과 관련된 정보를 잃게 된다. 직업이 있는지, 가족은 어떻게 구성되어 있는지, 남자인지, 여자인지, 흑인인지, 백인인지, 아동인지, 노인인지, 장애인인지, 가난한지 아무것도 알 수 없는 상태이다. 아무것도 모르는 가장 기본적인 상태라고 하여 '원초적 입장'이라고 이름 붙이기도 하였다. 이 상황에서 사람들은 어떤 선택을 할까?

롤스에 따르면 사람들은 모두 최소 수혜자의 입장에서 가난하고 어려운 이들을 도울 수 있는 제도를 선택한다고 한다. 사람은 누구나 위험을 피하고 싶은 마음이 있고, 자신의 입장에서 빗대어 생각하는 이기적인 마음이 있게 마련이다. 그 입장을 제거한 상태에서 선택한 사회가 진짜 공정하고 윤리적인 사회와 가깝다는 것이다. 이처럼 롤스는 국가가 적극적으로 시장에 개입하여 재분배하는 사회를 주장했다.

정의의 여신 눈을 가린 채 한 손에는 저울, 한 손에는 칼을 들고 있으며 세계 여러 나라 법원에서 볼 수 있다.

마스터의 보고서

Break Time
부유한 쥐와 가난한 쥐

흰 쥐들의 나라에서는 부유한 쥐일수록 세금을 더 많이 내야 한다는 법이 있어. 이에 참다못한 부유한 흰 쥐들이 항의했지. 부유한 쥐와 가난한 쥐의 대화를 듣고 네 생각을 이야기해 봐.

나라에서 나의 재산을 함부로 가져가다니, 전체주의 아니야?

무슨 소리! 세금을 낸다는 건 공동체를 위해 의무를 다하는 거야. 이건 모든 사회 구성원이 합의한 내용이라고.

나도 알아. 하지만 열심히 노력해서 돈을 번 내가 왜 더 많은 의무를 져야 하지? 나를 비롯한 부자 쥐들은 합의한 적 없어. 그냥 수가 많은 너희들이 다수결로 밀어붙인 거잖아. 소수의 약자들을 괴롭혀서 다수의 이익을 얻다니, 이게 바로 전체주의라고!

너 혼자 노력해서 부자가 됐다고 생각해? 가난한 노동자들과 사회와 소비자들 모두 도움을 주었기 때문에 네가 재산을 모을 수 있었던 거지. 너에게는 적은 돈이지만 가난한 사람들에겐 큰 도움이 돼. 그러니 부유한 쥐가 세금을 많이 내는 건 윤리적으로 옳아.

돕고 싶은 생각이 들면 내가 자발적으로 도울 거야. 내가 스스로 기부하는 것과 나라에서 강제로 가져가는 건 얘기가 다르지.

생산수단을 독점하고 노동자를 착취해서 부를 쌓았으면서 사회에 환원하지 않겠다고?

내가 언제 착취했어? 정당하게 임금을 지불했어. 그리고 육체노동만 노동이냐? 나도 기업과 사회를 위해 수많은 결정과 책임을 지고 있어.

• 부유한 사람들에게 세금을 많이 걷는 것은 윤리적으로 옳은 일일까? 내 생각을 써 보자.

_____

_____

구명보트의 딜레마

밤에도 낮에도 끊임없이 걸었지만 현실 세계로 통과하는 문 같은 건 보이지도 않았다. 세 사람은 점점 말이 없어졌다. 더 이상 생각할 힘도, 이야기할 여력도 남지 않았다.

이 지루하고 무서운 세계에 영원히 갇힌 것은 아닐까. 막연한 불안만이 넘실대는 파도처럼 세 사람의 마음을 흔들 뿐이었다.

"쏴아-."

오메가가 들은 소리는 환청이 아니었다. 그들 앞에는 실제로 거대한 바다가 펼쳐졌기 때문이다.

멀리서 뱃고동 소리가 들리자 셋은 놀라 눈이 휘둥그레졌다. 다시 사람을 만난다면 이 세계에서 벗어나는 방법도 찾을 수 있지 않을까. 멀리 선착장에 세워진 여객선에 승객들이 탑승하는 모습이 보였다. 알파는 흥분해서 소리쳤다.

"저희도 배를 좀 탈 수 있을까요?"

돈을 받던 선원은 오메가의 손목시계를 보고는 눈이 휘둥그레졌다. 세 명이 타고도 남을 만큼 비싼 시계였기 때문이다. 하지만 그는 대답을 바로 못한 채 머뭇거렸다.

"이거면 충분하지 않습니까?"

오메가는 자켓 속에 있던 고급 만년필을 찔러 주었다.

보석이 박힌 만년필을 보자 선원은 히죽 웃었다.

"와아, 여기 꽤 좋은데요?"

단순한 겉모습과는 달리 여객선 내부의 시설은 꽤 으리으리했다.

홀에는 음식이 차려져 있었고, 체력을 단련할 수 있는 깔끔한 운동 기구들과 샤워 시설도 있었다. 규모는 작았지만 읽을 만한 책들이 가득 꽂힌 도서관도 있었다. 세 사람은 무언가에 홀린 듯 여객선 안을 이리저리 둘러보았다.

이 얼마나 오랜만에 느껴보는 여유였던가. 당장 가상 체험을 끝내고 싶어 했던 마음은 온데간데없이 사라지고, 세 사람 모두 맛보고, 구경하고, 편안히 쉬며 이 시간을 즐기고 있었다. 선베드에 누운 오메가가 시원한 음료수를 마시며 솔직한 심정을 이야기했다.

"하아, 진짜 너무 편하다. 우리 좀 더 천천히 즐기다가 돌아가는 건 어때요?"

"안 돼요. 현실과 가상 세계의 연결통로에 문제가 생긴 게 틀림없어요. 얼른 가서 바로잡아야 해요."

말은 그렇게 했지만 채도 쉽게 엉덩이가 떨어지지 않았다.

사고는 생각보다 컸다. 아래층부터 들어온 물은 서서히 차오르기 시작했고, 배는 빠른 속도로 기울어졌다.
"배가 가라앉는다!"
사람들은 비명을 지르며 갑판에 매달렸다. 무거운 물건들을 바다로 버리는 사람들도 있었다.

"으아아! 물난리라면 정말 지긋지긋해!"

알파는 하늘을 향해 절규하듯 소리 질렀다. 이제야 조금 쉬려고 했는데 또다시 재난이 닥쳐오다니. 가상 체험을 제대로 끝내기도 전에 사고로 죽을 것만 같았다.

그때 채의 눈에 배 옆에 매달린 구명보트가 보였다.

"구명보트! 여기 구명보트가 있어요!"

채는 묶여 있는 줄을 풀어 구명보트를 물 위로 끌어내렸다. 선원들의 도움을 받아 가까이 있는 승객들이 구명보트로 이동했다. 다른 구명보트에도 사람들이 올라타고 있었다. 그 사이에 그들이 탔던 여객선은 깊은 바다 아래로 조금씩 가라앉았다.

검푸른 바다에 빠지지 않았다는 안도감도 잠시, 이 작은 배 안에서 하염없이 기다려야 한다는 사실에 승객들은 좌절감을 느꼈다. 하지만 그 감정마저 사치였을까? 작은 배는 갑자기 한 쪽으로 기울기 시작했다.

 모두들 놀란 나머지 입을 다물어 버렸다. 선원은 모두를 강하게 노려보며 외쳤다.
 "이렇게 다 같이 빠져 죽을 수는 없어요. 한 명이 희생해야 합니다. 전원이 상어 밥이 되는 것보다 누군가 한 명이 대신 죽는 것이 윤리적으로 옳잖아요?"

다른 승객이 발끈하며 대들었다. 선원은 지지 않고 말했다.

"누가 살인을 하고 싶어서 합니까? 당연히 사람을 죽이면 안 되지요. 하지만 지금 이 상황을 봐요. 특수 상황이잖아요!"

"하, 특수 상황? 특수 상황이면 무조건 오케이다 이거죠?"

그 승객은 단단히 화가 났는지 팔을 걷어 붙였다.

"지금 이래도 된다는 얘기잖아요? 그때그때 상황따라 바뀌는 게 무슨 윤리예요, 힘들고 어려워도 지키는 게 윤리죠!"

1인 3역까지 해 가며 강력하게 의견을 주장하는 승객이었다. 물론 그녀가 열변을 토하는 동안에도 배는 조금씩 가라앉고 있었다. 채와 알파는 바닥에 차오르는 물을 황급히 손으로 받아 바다로 버리기까지 했다.

 흥분한 선원이 승객을 밀어버릴까 봐 알파 일행은 잔뜩 긴장을 하며 바라보았다. 그러나 선원은 대신 작은 칼을 들어 바닥에 떨어져 있는 밧줄을 여러 조각으로 잘랐다.

 "긴 말 할 필요도 없어. 떼죽음 당하지 않으려면 이 방법을 쓰는 수밖에."

다들 안타깝게 바라보는데 선원은 뱃머리를 꽉 붙들며 버티기 시작했다.

"안 돼! 싫어! 난 절대 못 죽어! 나에겐 지켜야 할 가족이 있단 말이야!"

그때였다. 내내 잠자코 듣고만 있던 다른 여자 승객이 피식 코웃음을 치는 게 아닌가.

비타를 닮은 승객은 어이가 없다는 표정이었다.

"죄가 없다고요? 저 사람은 약속을 위반했어요. 제비를 뽑아서 짧은 끈이 나오는 사람을 바다에 빠뜨린다는 건 우리 사이에 맺은 계약이에요. 그런데 그 계약을 무시하고 저렇게 버티고 있으니 엄연한 불법 행위를 저지른 거 아닌가요? 죄를 저질렀으니 당연히 처형을 당해야지요."

에이미를 닮은 승객은 애절하게 말했다.

"약속을 어긴 건 맞지만 사형을 집행할 정도로 큰 죄를 지은 건 아니잖아요. 나중을 생각해 보세요. 이 자리에 있는 우리 모두가 평생 죄책감에 시달리며 살길 바라나요?"

"풍덩!"

검푸른 바다는 순식간에 오메가를 집어삼켰고, 배 위에서는 누구의 것인지 알 수도 없는 비명과 울부짖음이 울려 퍼졌다.

"안 돼! 오메가!"

알파와 채는 잠깐의 고민도 없이 바다로 몸을 던졌다.

우리를 시험에 빠뜨리는 윤리적 상황

이야기 속에 등장한 침몰하는 배의 사례를 모두 잘 보았나요? 만약 여러분이라면 어떤 선택을 했을까요? 침몰하는 배 안에서의 사람들의 주장은 크게 둘로 나눌 수 있어요.

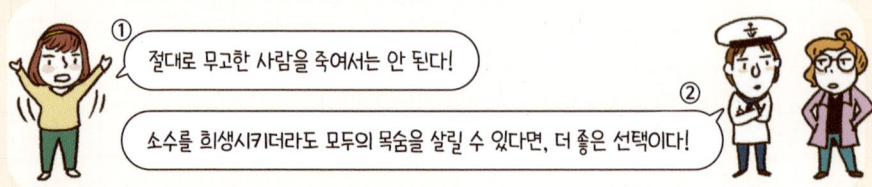

지금 이야기 한 두 입장은 윤리에서 가장 기본적인 사고방식이자 양대 산맥을 이루는 주장이에요. ①번 입장을 '의무론', ②번 입장을 '목적론'이라고 말해요.

○ 의무론

의무론은 도덕 법칙이나 의무를 준수하는 행위가 윤리라고 생각해요. 의무론적으로 세상을 살아가는 대표적인 사람들은 종교인들이지요. 신의 말씀을 규범으로 생각하고 평생 준수하며 살거든요.

○ 목적론

목적론은 다수의 이익을 창출하는 행위가 윤리라고 생각해요. 목적론적 윤리관의 모습은 안중근 의사에게서 찾아볼 수 있어요. 안중근 의사가 이토 히로부미를 저격할 때 "사람을 죽이는 일은 절대로 일어나서는 안 되는 일이야!" 같은 생각은 하지 않았을 테니까요.

또한 시간성을 고려해서 의무론과 목적론을 생각할 수 있어요. '과거'로부터 주어진 의무를 고려해서 행동하면 의무론적 태도가 되지요. 반대로 '미래'에 발생할 결과를 고려해서 행동하면 목적론적 태도가 된답니다.

윤리란 무엇일까?

윤리의 사전적 정의는 '사람이 지켜야 할 도리'다. 도덕이라는 말과 비슷하게 쓰이지만 도덕이 실천적인 느낌이라면, 윤리는 이론적인 느낌이 강하다. 도덕은 사람들이 따라야 할 규범이나 규칙을 뜻하고 윤리는 그 규범과 규칙이 과연 정당한 것인지 의심하고 검토하는 것이다. 이러한 맥락에서 윤리가 무엇인지 조금 더 깊게 들어가 보자. 윤리의 다른 뜻은 '당위적 명제를 대상으로 하는 학문'이라고 볼 수 있다.

당위적 명제라는 말이 무척 어렵게 느껴진다. 하지만 하나씩 나누어 생각하면 이해할 수 있을 것이다. 명제란 '주어+술어'로 이루어진 문장이 뜻하는 내용이다. 그런데 이 명제는 두 가지로 나뉜다. 어떤 명제들은 '~이다.'로 끝나고, 다른 명제들은 '~이어야 한다.'로 끝이 난다. 앞의 것을 '사실 명제' 뒤의 것을 '당위 명제'라고 한다.

사실 명제(과학)	당위 명제(윤리)
사과는 맛있다.	사과는 맛있어야 한다.

사실 명제를 탐구하는 학문은 '과학'이다. 한편 당위 명제를 탐구하는 학문을 '윤리'라고 한다. 사실 명제는 항상 참과 거짓을 판단할 수 있다. '사과는 맛있다'라는 명제가 참인지 거짓인지는 직접 먹어 보면 알 수 있기 때문이다. 하지만 '사과는 맛있어야 한다.'는 당위 명제는 참과 거짓을 판단하기 어렵다. 과학의 세계와 윤리의 세계는 각각 다른 세계다. 사실 명제를 통해 당위 명제를 증명할 수 없기 때문이다. 즉, 윤리적 판단은 실제 세계와는 상관없이 독립적으로 존재한다고 볼 수 있다.

윤리라는 건 아무리 특수한 상황에서도 지킬 때 의미가 있는 거죠.

윤리가 현실과 무관하다면, 왜 필요한 건데?

둘의 다른 입장을 의무론과 목적론으로 알아보자고!

마스터의 보고서

Break Time
선택, 의무론 VS 목적론

의무론과 목적론은 언뜻 어려운 개념이지. 하지만 살다 보면 윤리적 판단 앞에 고민해야 할 때가 많더라고. 다음 예시들을 읽고 나는 어떤 판단을 할 것인지 생각해 보자.

사례①
불이 난 식당에 두 사람이 갇혀 있다는 소식을 들은 A씨는 그들을 구하기 위해 불길 속으로 뛰어 들었다. 갇힌 한 명은 A씨 친구의 아들이었고, 다른 한 명은 뉴스에도 나온 유명한 과학자였다. 과학자는 인류를 괴롭히는 불치병을 고칠 수 있는 신약을 개발 중이었는데 거의 완성 단계에 이르렀다고 했다. 불길은 점점 거세져 둘 중 하나만 구할 수 있는 상황. 과연 A씨는 누구를 구해야 할까?

사례②
X국은 세계적으로 손꼽히는 저출산 국가다. 더불어 노인 인구가 차지하는 비중은 점점 늘어나고 있으며 빈곤한 노인층과 관련된 문제도 심각하다. 노인 복지를 위한 예산을 추가하자면 아동과 청소년 관련 예산이 줄어들 것이다. 보육 환경이 뒷받침되지 않으면 저출산 문제는 더욱 심각해질 것이다. 그러나 노년층을 그대로 두면 어르신들의 빈곤과 고독사는 계속될 것이다. X국은 예산을 어떻게 편성하는 게 좋을까?

사례③
탈레반에게 인질로 잡힌 동료를 구하기 위해 미군이 비밀 작전을 수행하고 있다. 적들이 눈치채지 못한 사이, 인질이 있는 장소에 접근하는 데 성공했다. 그런데 그 순간 근처 들판에서 양을 치던 목동과 마주치게 되었다. 그들을 살려 두면 탈레반에게 미군이 왔다는 소식을 전할 가능성이 있고 인질을 비롯한 군사들은 목숨을 잃을 수도 있다. 작전의 성공을 위해 목동을 살해하는 것이 옳을까?

• 다른 가족과 친구들의 입장도 들어보고 무엇이 윤리적으로 옳은 판단인지 토론해 봐.

5 정언명법과 공리주의

돌아가는 지도

마치 직접 겪은 일처럼 모든 것이 생생했다.

그의 가문은 생산수단을 소유함으로써, 권력을 유지했던 왕족이었고, 공장과 자본이라는 새로운 생산수단을 소유한 부르주아에게 밀려났다.

그렇게 역사는 흘렀다. 자본주의는 완벽한 경제체제가 아니었다. 공급 과잉 문제가 불거졌고, 여기저기에서 자체적인 문제가 터졌다. 그리고 이 문제는 결국 두 번의 세계대전으로 이어지기까지 했다. 인류는 스스로 파멸의 위기까지 갔으나 자본주의는 쉽게 사라지지 않았다. 자본주의는 지금의 신자유주의로 모습을 바꾸며 끈질기게 살아남았다.

지도를 만드는 사람은 축적을 배운다.
거미줄처럼 얽힌 모든 길과
건물을 지도 안에 그려 넣을 수는 없다.
어떤 것은 생략하고
어떤 것은 단순화해야 한다.

인간 세계 역시 마찬가지다.
가까이 들여다보면 한없이 복잡하지만 축적을 사용해
줄여 놓은 지도처럼 멀리 떨어져서 보면 단순하고
선명하게 정리되는 것들이 있다.

결국 세계는 둘로 구분할 수 있다. 소수의 지배자들의 세계와 다수의 피지배자들의 세계. 소수의 사람들은 생산수단과 권력을 차지했고, 다수의 사람들은 착취당하지 않기 위해 사회적 제도를 요구한다. 오메가의 생각은 점점 선명해졌다. 죽은 듯 깊은 곳으로 가라앉았지만 그는 분명히 숨을 쉬고 있었다. 물속에서도 이렇게 편안한 호흡이 가능하다는 것이 신기할 지경이었다.

 알파와 채는 조심스럽게 오메가의 곁으로 헤엄쳤다. 스스로 빛을 내는 심해 생물처럼 오메가의 주변에는 은은한 빛이 물결을 따라 둥실둥실 떠다녔다. 그리고 그 빛 안에는 그의 의식이 그려 낸 이미지가 마치 영화처럼 투영되고 있었다.

포근한 주황색 빛이 바닥에서 번져 나왔고,
빛이 시작되는 부분엔 분명 익숙한 문이 있었다.

고민할 것도 없었다. 셋은 힘차게 문고리를 잡아당겼다.

하나, 둘, 셋!

 그렇게 그들은 넘치는 파도와 함께 지식카페에 도착했다. 문 앞에 서 있던 마스터는 재빠르게 튀어 올라 다행히 물에 젖은 생쥐가 되는 꼴은 피할 수 있었다. 하지만 세 사람은 완전히 쫄딱 젖은 채로 바닥에 널브러졌다.

 언제부터 그렇게 다정했다고, 셋은 부둥켜안고 어린애들처럼 목 놓아 울었다. 그 모습을 지켜보는 마스터는 어리둥절할 따름이었다. 대체 이게 어찌된 일일까? 이 물은 분명 가상 세계의 것인데, 이렇게 많은 양이 현실 세계까지 들어오다니!

앞으로의 일도, 지금까지의 사건도, 정리해야 할 것들이 많았다. 하지만 가장 먼저 정리해야 할 것은 이 카페의 물이었다.

알파와 오메가는 채가 가져다 준 수건으로 간신히 물기를 닦고 테이블에 앉았다. 온몸이 차갑게 식어 있었기에 채는 몸을 녹일 만한 커피도 함께 타 주었다.

"그래서, 무슨 일이 있었던 거야? 제대로 얘기 좀 해 봐."

마스터가 팔짱을 끼고 알파를 노려보며 물었다.

"말도 마. 처음 가상 세계에 도착하자마자 오메가가 대통령이라는 거야, 어휴, 얼마나 눈꼴시던지."

알파는 횡설수설 이야기를 시작했고, 오메가가 그의 말을 가로챘다.

"그런데 대통령이라는 자리가 쉬운 건 아니더라고. 아주 골치 아픈 결정을 내려야 했거든."

자기가 어떻게 이 흰 쥐와 이야기할 수 있는지 이상하게 생각하지도 않는 오메가였다. 이미 너무 신비로운 일을 많이 겪었기 때문이었을까? 오메가는 그간 겪었던 일들을 되짚어 보았다.

알파는 다시 생각해도 목이 타는지 커피를 벌컥벌컥 마시며 말을 이었다.

"마지막으로는 침몰되는 배에 탔다가 구명보트에 겨우 몸을 실을 수 있었어. 하지만 그마저도 정원 초과 때문에 가라앉고 있었지. 배가 가라앉지 않으려면 한 명의 희생이 필요했는데 그 안에서 의견이 전혀 모이지 않았어."

마스터는 곰곰 생각하며 긴 꼬리를 이리저리 움직였다. 그러더니 짐짓 날카로운 표정으로 질문을 던졌다.

"윤리란 대체 무엇일까?"

알파는 고민 없이 대답했다.

"그걸 몰라? 인간의 마음에는 이미 양심과 도덕 법칙이 자리 잡고 있어. 그래서 반드시 지켜야 하는 윤리 규정을 만들었지."

"그러니 가장 많은 사람들에게 가장 큰 이익을 줄 수 있는 상황이 있다면, 그게 바로 윤리적인 선택 아닐까?"

오메가는 윤리의 비밀을 밝히기라도 한 것처럼 힘주어 말했다. 하지만 알파는 코웃음을 칠 뿐이었다.

"너 꼭 가성비 따지는 것 같다? 절대 불변의 보편적인 법칙이 없긴 왜 없어? 신이 세운 법칙은 그럼 뭔데?!"

오메가도 지지 않고 따졌다.

"뭐야, 갑자기 안 어울리게 신 타령?"

채는 급하게 둘을 진정시키고, 벽장에 있는 책꽂이에서 두 권의 책을 꺼냈다. 한 권의 제목은 《순수 이성 비판》, 다른 한 권의 제목은 《공리주의》였다.

"두 분이 하시는 고민은 사실 오래전부터 여러 철학자들의 고민이었어요. 도덕 법칙을 지키는 행위가 윤리적이라는 입장은 '의무론', 다수의 이익이 윤리적이라는 입장을 '목적론'이라고 해요."

어려운 말이 나오자 알파와 오메가의 표정이 일그러졌다.

"칸트! 칸트라는 이름은 들어 보셨죠?"

채가 다급하게 묻자, 알파와 오메가가 심드렁하게 대답했다.

"뭐, 칸트……, 정도는 알지. 유명한 철학자잖아."

채는 책을 덮으며 말을 이었다.

"지금까지 이야기는 윤리에 대한 이론이에요. 지금 우리가 해야 할 것은 현실에 적용시키는 거지요. 현대사회는 복잡해요. 전체와 개인, 의무와 목적이 뒤섞여 있거든요."

그때 문 밖에서 개가 짖는 소리와 함께 사람들의 발자국 소리가 들렸다. 창문가로 가까이 다가간 마스터가 말했다.

"실종된 시장을 찾는 수색대 같은데? 시청 직원들과 경찰이 함께 다니고 있어."

오메가는 흔들리는 눈으로 창가를 바라보았다. 아직 해결되지 않은 문제들이 남아 있어 쉽게 일어서지지 않는 눈치였다.

오메가는 지친 걸음을 이끌고 뚜벅뚜벅 앞으로 나아갔다. 알파는 손을 흔들어 주었다.

"오메가, 잘 가라~."

하지만 오메가는 이내 몇 걸음 못 가 뒤돌아섰다. 그러고는 불안한 얼굴로 울먹거리는 것이었다.

> 선택은 당신의 몫이야. 우리가 줄 수 있는 건 대강의 약도 뿐이라고.

> 복잡하게 얽혀 있는 진짜 길을 찾으려면 현실 속으로 들어가는 수밖에…….

> 참나, 난 또 대단한 건 줄 알았네.

오메가는 피식 웃었지만 말과는 달리 마치 소중한 보물이라도 되는 듯 알파의 약도를 조심스럽게 접어 손에 꼭 쥐었다.

여전히 잘 모르겠지만 알파와 채 덕분에 쌓은 지식이 그를 단단하게 만들어 준 것 같았다. 오메가는 그를 기다리는 사람들 곁으로 돌아가기 위해 힘차게 문을 열었다.

칸트와 밀

○ 정언명법

의무론을 대표하는 철학자는 칸트예요. 칸트는 윤리와 철학이 입맛에 맞게 바뀌고 이용 당하는 현실 속에서 절대적인 도덕 법칙을 찾으려고 노력했어요. 하지만 완벽한 도덕 법칙을 찾는 건 불가능해 보였지요. 사람마다 생각하는 도덕 판단의 기준은 다를 수밖에 없었으니까요.

이런 상황 속에서 칸트가 제시한 것은 '정언명법'이었어요. 어떤 행위를 모든 사람이 하는 것에 대입 시켰을 때 이로운 결과가 나온다면, 그 행위는 도덕적이라 생각했어요.

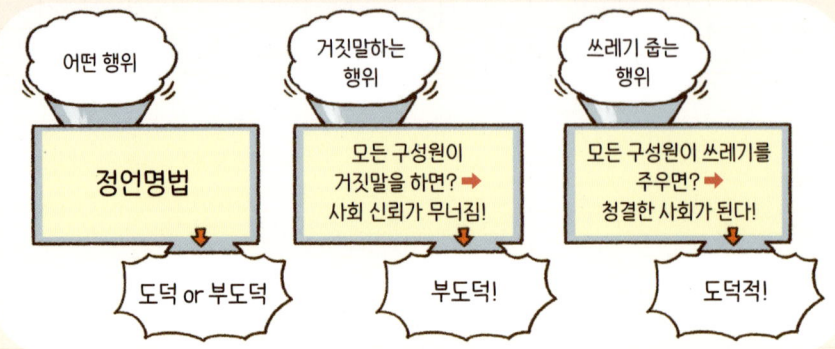

○ 공리주의

반면 목적론적 윤리설을 대표하는 입장은 '공리주의'예요. 공리주의는 19세기 무렵에 영국을 중심으로 전개된 윤리적 견해지요. 대표적인 철학자는 벤담과 밀이에요. 공리주의 모토는 '최대 다수의 최대 행복'이지요.

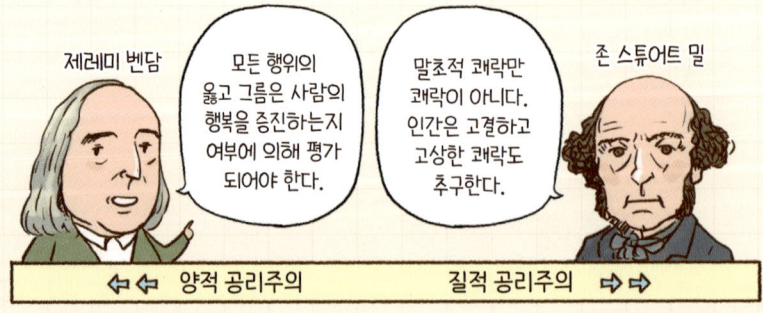

윤리를 행복의 양으로 계산한 벤담과 다르게 밀은 쾌락과 행복의 질적인 차이를 인정하면서 개인의 자유, 평등 등 인간의 최소한의 권리와 가치들을 지켜갈 수 있었어요.

공리주의

제레미 벤담 (1748~1832)

브레이크가 고장 난 열차가 달리는 선로 위에 다섯 사람이 묶여 있다. 가만히 두면 다섯 명은 열차에 깔려 죽게 된다. 그리고 열차의 방향을 틀 수 있는 손잡이가 당신 앞에 놓여 있다. 이 손잡이를 당기면 열차는 다른 선로로 방향을 이동할 것이다. 하지만 바뀐 선로에는 한 사람이 묶여 있다. 손잡이를 당기면 다섯 명은 구하지만 한 명은 죽게 되는 셈이다. 이때 손잡이를 당기는 것이 윤리적일까?

85% 정도의 사람들이 다섯 명을 살린다고 대답한다. 대를 위해 소를 희생하는 것이 맞다고 판단하는 것이다. 이것은 최대 다수의 최대 행복을 주장하는 공리주의에 근거한 판단이다. 공리주의는 효율을 중요하게 생각하기 때문이다. 공리주의를 창시한 벤담은 1748년 영국에서 출생했고, 이후 산업혁명과 시민혁명을 당대에 경험했다. 그렇게 그는 자본주의와 민주주의가 탄생하는 근대화의 과정을 온몸으로 느꼈다. 벤담이 보기에 영국의 법은 지나치에 엄격하고 일반인들에게 와 닿지 않았다. 그래서 그는 사회를 이끌 수 있는 쉽고 단순한 기준이 필요하다고 보았다. 공리주의의 '공리'는 이익에 힘쓴다는 뜻이다. 영어로는 'Utility'라고 번역할 수 있다. 즉, 효율성이다. 인간의 행동이 우리에게 얼마나 큰 이익을 주는가, 즉 얼마나 유용하고 행복에 기여하는지를 판단의 척도로 보는 것이다.

이러한 공리주의는 현재 우리 사회에 많은 영향을 끼치고 있다. 효용과 가성비를 계산하고 에너지와 비용을 아껴서 최대의 이익을 보려는 것이다. 하지만 공리주의만을 강조하는 사회는 인간조차 수단으로 이용할 수 있다는 비판을 받고 있다. 전체를 위해 소수의 권리가 침해될 수 있고, 쾌락이나 이익을 얻기 위해 부도덕한 선택을 할 수도 있다. 하나의 사안을 두고 다양한 윤리적 의견과 협의가 필요한 이유다.

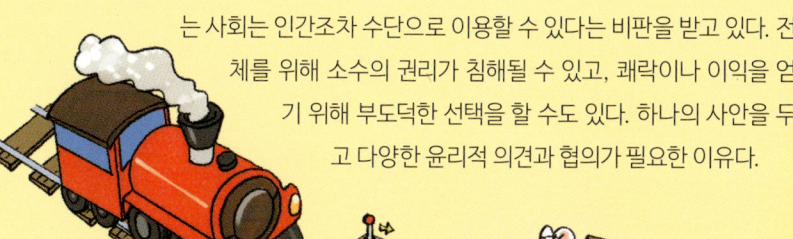

Break Time
가로세로 낱말풀이

사회와 윤리의 복잡하고 어려운 개념을 함께 공부한 친구들 정말 수고 많았어. 가로세로 낱말풀이를 통해 책에서 배운 내용을 정리해 보자.

가로

① 이탈리아의 독재자. 제1차 세계대전 이후의 혼란 중에 파시즘 국가를 내세웠다.
② 다른 사람과 공동체를 생각하지 않고 자신의 이익만 추구하는 사고방식. 개인주의가 극단화된 양상이다.
③ 생산수단을 소유하고 노동력을 구매하여 이윤을 얻는 사람. 부르주아라고도 한다.
④ 공평하고 올바름. 존 롤스는 정의로운 사회를 위한 '절차의 ○○'을 강조했다.
⑤ 미국의 정치철학자로 《정의론》의 저자. 무지의 베일이라고 불리는 원초적 입장을 이야기했다.
⑥ 윤리학에서 다루고 있는 명제. '~해야 한다.'라고 결정되는 명제이다.
⑦ 제1차 세계대전 이후, 독일의 히틀러에 의해 주장된 전체주의.

세로

㉠ 존 롤스가 《정의론》에서 사용한 개념으로 모든 사회 구성원이 자신의 특수한 상황을 모르게 하는 것을 뜻한다.
㉡ 사고나 질병으로 다치거나 없어진 장기를 다른 사람의 장기로 대체하는 시술.
㉢ 칸트가 주장한 윤리론의 한 갈래로 도덕적 의무와 규칙을 절대적으로 지키는 것.
㉣ 사회에서 가장 적은 혜택을 받는 사람을 이르는 말. 흔히 사회적 약자를 뜻한다.
㉤ 칸트가 제시한 도덕적 행동 지침.
㉥ 이탈리아어 '파쇼'에서 파생된 전체주의 이념.
㉦ 소련의 최고 권력자. 집권 당시 '위대한 지도자'로 우상화되었지만 지금은 공산주의를 변질시킨 독재자로 평가받는다.

에필로그

세계의 비밀

시장 오메가는 그렇게 자신을 찾는 사람들 속으로 들어갔어. 언제 움츠렸냐는 듯 다시 자신 있고 당당한 걸음걸이로 말이야. 알파와 채, 마스터는 그가 떠난 후에도 한참을 앉아 있었어. 지식카페의 닫힌 문을 말없이 바라보았지.

"그럼 슬슬……, 정리해 볼까요?"

언제까지 멍하니 있을 수만은 없는 일, 채는 기지개를 켜며 자리에서 일어났어. 일단 이 지저분한 카페부터 치워야 했어. 바닷물이 잔뜩 들어차 여간 축축하고 미끄러운 게 아니었거든.

채는 대걸레를 가져와 바닥을 닦기 시작했어. 걸레가 젖으면 물기를 짜고 다시 닦기를 여러 번 반복했어. 그런데 참 이상하지? 아무리 닦아도 물이 줄어들지 않으니 말이야.

놀란 알파는 반사적으로 가상 세계로 통하는 뒷문을 보았어. 주황색 등이 고장이라도 난 듯 깜빡깜빡거리고 있었어. 마스터는 옅은 한숨을 내쉬었어.

"아무래도 걱정했던 일이 일어난 것 같아. 현실 세계와 가상 세계를 연결하는 통로에 오류가 생긴 게 틀림없어."

사실 알파는 오래 전부터 느끼고 있었어. 자신이 너무 오랫동안 인간의 삶에 깊이 개입하고 있었다는 것을. 게다가 알파는 인간 중에서도 무척 현실적인 인간이었지. 경제나 정치처럼 현실적인 문제에만 집중한 나머지 현실 너머의 문제에는 소홀했던 게 사실이야. 자기 역할을 다하지 못하고 있다는 찜찜함은 있었지만 그게 이렇게까지 문제가 될 줄은 미처 몰랐어.

여러분 안녕하세요. 채사장이에요. 지금까지 우리는 이야기를 통해 사회와 윤리의 다양한 이론과 개념을 알아보았어요. 조금 어렵게 느껴진다고요? 괜찮아요. 최종 정리를 통해 한 번 더 정리하고 차근차근 현실 세상과 연결해 볼 수 있으니까요.

먼저 사회를 어떻게 바라보느냐에 따라 '개인주의'와 '집단주의'를 나눌 수 있어요.

> 개인주의 : 개인의 총합 = 사회
> 집단주의 : 개인의 총합 < 사회

개인주의와 집단주의 모두 좋고 나쁘고를 따질 수 없어요. 문제가 되는 것은 이것들이 극단화되었을 때지요.

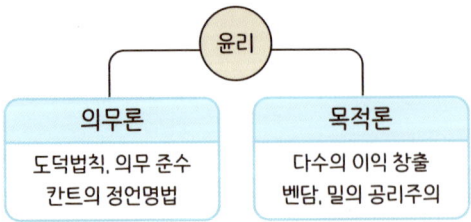

개인과 집단의 이익이 부딪힐 때, 어디에 손을 들어 줘야 할까요? 당위 명제를 다루는 학문인 윤리학에서는 이 문제를 오래전부터 다루었어요. 입장은 크게 의무론과 목적론으로 나뉘지요.

```
                윤리
        ┌────────┴────────┐
      의무론              목적론
  도덕법칙, 의무 준수    다수의 이익 창출
   칸트의 정언명법      벤담, 밀의 공리주의
```

이에 따라 윤리적이고 공정한 사회에 대한 생각도 두 가지로 나뉜답니다. 여러분도 다양한 뉴스를 보면서 윤리적인 사회, 공정한 사회란 무엇인지 생각해 봐요.

생각하고 토론하기

의무론과 목적론은 도덕책에만 나오는 어려운 이야기가 아니라 실제 사회 문제를 바라보는 관점이기도 해요. 여러분은 주변에 일어나는 다양한 사건을 어떤 생각으로 바라보고 있나요? 서로의 생각을 나눠 보아요.

① 한국의 60~70년대에는 사실상 군사 정권에 의한 독재 정치가 행해졌어요. 하지만 개인들을 희생한 덕분에 눈부신 경제 성장을 이루었어요. 여러분의 생각은 어떤가요? 경제 성장을 위해서라면 전체주의적인 정치를 해도 괜찮을까요?

② 코로나 팬데믹 시기에 우리나라는 마스크 착용과 백신 접종을 의무화했어요. 백신을 맞으면 부작용 때문에 사망하는 개인이 생길 수 있지만 공동체의 면역력이 높아지지요. 공리주의적 입장에서 백신을 의무화하는 것이 옳은 일일까요?

③ 공리주의 철학자 밀은 편안하게 먹고 자길 원하는 원초적인 쾌락만 존재하는 게 아니라 질적으로 높은 수준의 쾌락도 있다고 주장했어요. 여러분이 생각하는 질적 쾌락은 무엇인가요? 우리 모두가 높은 차원의 쾌락을 느끼려면 어떻게 해야 할까요?

지금까지 우리는 1권부터 8권을 통해 현실 세계를 알아보았어요.
9권부터는 '과학'이라는 진리로 세계의 비밀을 공부해 봐요!

정치, 사회, 윤리 편 총정리

지적 대화를 위한 넓고 얕은 지식 여행을 함께해 온 친구들! 우리는 어느새 8권까지 이르렀어요. 이 시리즈의 7~8권은 정치와 사회, 윤리를 다루고 있어요. 이 세 가지는 서로 뗄 수 없는 개념이에요. 어떻게 연결되어 있는지 함께 정리해 볼까요?

정치 세계를 바라보는 관점에 따라 정치적인 입장은 두 가지로 나눌 수 있어요.

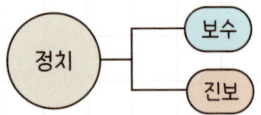

오늘날 보수는 신자유주의를 옹호하고, 진보는 후기 자본주의를 옹호하는 입장이지요.

사회 사회적으로 개인주의를 주장하는 사람들은 전체주의로부터 개인의 권리를 보호하기 위해 노력해요. 그 권리에는 재산권도 속해 있어요.

집단주의를 주장하는 이들은 다수를 차지하는 노동자, 서민, 최소수혜자들의 이익을 생각해요. 공동체를 위해서는 소수 자본가의 희생은 가능하다고 생각하지요.

윤리 윤리적으로 의무론은 개인의 권리와 인권을 강조해요.

윤리적으로 목적론은 공리주의를 내세우며 전체의 이익을 강조해요.

미디어의 말

그러나 실제로는 역사적 경험이나 미디어에 의한 교육 때문에 다른 판단을 할 때가 많아요. 다수의 노동자들이 보수 정당을 지지하거나 자본가와 전체주의 권력이 손잡기도 하지요.

여러분은 이 책을 통해 현실 세계를 단순한 구조로 파악하는 법을 배웠어요.
그 위에 세부적인 그림을 그려 넣는 건 여러분의 몫이에요!
앞으로 경험을 통해 얻을 지식으로 풍요로운 지혜의 그림을 완성해 보세요.

정답

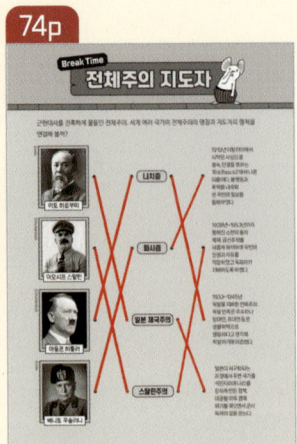

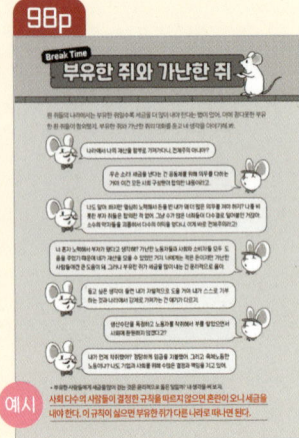

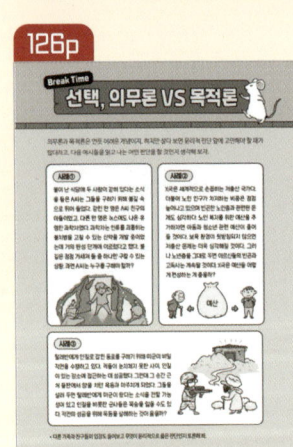

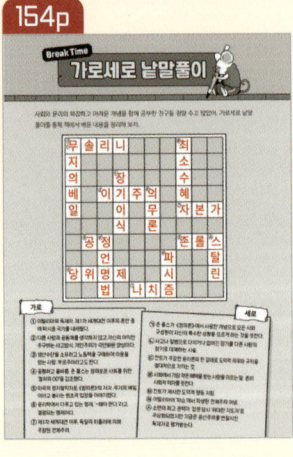

통로의 오류를 알게 된 알파와 채의 운명은?
9권 과학 편에서 만나요!